TEXAS
FUENTE DE
ESCRITURA

Libro de destrezas

Grado 3

GREAT
SOURCE®

HOUGHTON MIFFLIN HARCOURT

Unas palabras acerca del *Libro de destrezas* de *Fuente de escritura para Texas* **Tercer grado**

Antes de comenzar...

El *Libro de destrezas* te ofrece la oportunidad de practicar las destrezas de revisión y de corrección que se presentan en el Libro del estudiante de *Fuente de escritura para Texas*. Contiene pautas y ejemplos que te ayudarán a completar tu trabajo en el *Libro de destrezas*.

Cada actividad del *Libro de destrezas* incluye una breve introducción del tema y ejemplos que muestran cómo completar la actividad. Te indicará en qué páginas del libro de texto *Fuente de escritura para Texas* encontrarás más información y ejemplos. Las "Actividades de corrección" se concentran en la puntuación y las convenciones mecánicas de la escritura (incluida la puntuación), la ortografía y el uso. Las "Actividades con oraciones" ofrecen práctica para combinar oraciones y corregir problemas comunes en las oraciones. Las "Actividades del lenguaje" hacen hincapié en los elementos gramaticales.

Muchos de los ejercicios terminan en la actividad **Paso siguiente**, que sirve para aplicar lo que has aprendido en tus redacciones.

Tabla de contenido

Actividades de corrección

Corregir las convenciones mecánicas

Actividades de corrección

Corregir la ortografía

Cómo usar la palabra correcta

Actividades de oraciones

Elementos básicos de las oraciones

Problemas de las oraciones

Combinar oraciones

Actividades de lenguaje

Los sustantivos

Los pronombres

Los verbos

Los adjetivos y los adverbios

Las preposiciones, las conjunciones y las transiciones

1

Actividades de corrección

Las actividades de esta sección incluyen oraciones en las que se debe comprobar el correcto uso de las convenciones mecánicas, del lenguaje y la ortografía. Cada actividad incluye una referencia a una o más páginas del Libro del estudiante de *Fuente de escritura para Texas*. Esas referencias se pueden usar como guía para hacer la actividad.

Nombre _____

El punto 1

El **punto** es una marca chiquita, pero tiene muchos usos importantes.

● Escribe un punto al final de una oración que hace una **afirmación**.

Las ranas comienzan su vida en el agua.
Después, viven en la tierra.
Las ranas son anfibios.

● También escribe un punto al final de un **mandato**.

Por favor, busca la palabra "anfibio" en el diccionario.
Averigua lo que significa esa palabra.

1 Escribe A antes de cada oración afirmativa y escribe M antes de cada mandato. Finaliza cada oración con un punto. El primer ejercicio es el modelo.

__A__ **1.** Las ranas son buenas nadadoras⊙

__A__ **2.** Las ranas tienen unas poderosas patas traseras

__M__ **3.** Nada como rana cuando estés en el agua

__M__ **4.** Mueve tus piernas hacia los costados

__M__ **5.** Luego empuja con tus piernas hacia atrás

__M__ **6.** Te moverás hacia adelante igual que una rana

__A__ **7.** Es divertida esta manera de nadar

__A__ **8.** Las ranas no pueden nadar de otra manera

TEKS 3.23C

2 El siguiente párrafo tiene nueve oraciones. Busca las nueve oraciones. Escribe la mayúscula al comienzo y un punto al final de cada oración. La primera oración es el modelo.

A
algunas ranas tienen sus casas lejos del suelo⊙E estas ranas

A
viven en los árboles⊙a las ranas de árbol les gustan las casas con

M
muchas hojas⊙muchas ranas de árbol son verdes⊙N no todas son verdes⊙

A
algunas son amarillas, rojas o anaranjadas otras tienen franjas y

L
manchas⊙las ranas de árbol viven en todas partes del mundo⊙E en tu

vecindario podría haber una⊙

Paso siguiente Escribe dos oraciones. En la primera, afirma algo que pueda hacer una rana. En la segunda, dile a un amigo que haga algo que hace la rana.

1. *Afirmación:* Las ranas saltan dien alto.

2. *Mandato:* sulta como una rana

★ TEKS 3.22D

Nombre

_____

El punto 2

Escribe un **punto** después de la inicial del nombre de una persona. También escribe un punto después de una abreviatura y para separar dólares y centavos.

Enlace con
Fuente de escritura

507

Carlos B. García   M. María Jiménez

Sr. García   av. Foster

$1.25 $11.00

---

1 Escribe un punto después de las iniciales del nombre de Samanta. Luego escribe tu nombre en todas estas formas.

Samanta R   *semcanta R.*

Samanta J Rojas   *sumanta J.Rojas*

S J Rojas   *S.J. Rojas*

S J R   *S.J.R*

---

2 Escribe los puntos después de las abreviaturas de estas oraciones.

1. ¿Dónde vive el Sr. Blanco?

2. Él vivía en la av. Principal.

3. Su nueva casa está en la av. Carver, cerca de la Srta. Martín.

4. La Srta. Martín es doctora, así que ella también es la Dra. Martín.

5. Uno de los vecinos del Sr. Blanco es la Sra. Ortiz, una oficial de policía.

6. Mucha de las casas de la av. Carver fueron construidas por J. J. Aguilar.

 TEKS 3.22D

3 Agrega los once puntos que faltan en este párrafo. La primera oración es el modelo.

El Sr● Carlos B● García va a Lancaster para visitar a su prima, la Sra María W Vargas. La Sra Vargas trabaja en un cine en Lancaster. El cine está en la av Broad, después del Palacio de lá Pizza de J J Pérez. Mientras la Sra Vargas trabaja, el Sr García entra a ver tres películas. Cada película cuesta $7 00. Al día siguiente, el Sr García decide volver a su casa. Ya ha visto demasiadas películas.

4 Escribe las siguientes cifras con números. Usa el signo de dólar y punto para separar los dólares de los centavos.

1. Diez dólares con veintinueve centavos. _____

2. Cien dólares con dos centavos. _____

3. Dos dólares con setenta y tres centavos. _____

4. Cuarenta dólares. _____

5. Noventa y nueve dólares con noventa y nueve centavos. _____

6. Dieciocho dólares con treinta y seis centavos. _____

Paso siguiente Escribe dos nombres que incluyan abreviaturas o iniciales. Escribe dos números con dólares y centavos. (Puedes buscar información en una revista o periódico). Luego escribe dos oraciones con estos nombres y números.

★ **TEKS** 3.23C

Nombre _____

Los signos de puntuación

Enlace con
Fuente de escritura

507, 508

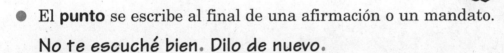

- Los **signos de interrogación** se escriben al comienzo y al final de una pregunta.

  ¿Quieres brócoli para la cena?

- Los **signos de exclamación** se escriben al comienzo y al final de una oración que muestra un sentimiento intenso.

  ¡Claro! ¡Sería genial!

- El **punto** se escribe al final de una afirmación o un mandato.

  No te escuché bien. Dilo de nuevo.

1 Escribe un punto, signos de interrogación o signos de exclamación en cada oración.

1. _____ Qué tienen de bueno los brócolis _____

2. _____ El brócoli es rico en vitaminas _____

3. _____ Son realmente deliciosos _____

4. _____ Son de color verde oscuro _____

5. _____ Nuestro jardinero dice que es fácil cultivarlos _____

6. _____ Por que nadie come brócolis _____

7. _____ Me gustan con salsa de queso _____

8. _____ A quién le gustan crudos _____

9. _____ A mí me gustan, a mí me gustan _____

10. _____ El brócoli es mi verdura favorita _____

TEKS 3.23C

2 Escribe un punto, signos de interrogación o signos de exclamación en cada oración de este párrafo.

Mi verdura favorita son las zanahorias Son muy dulces Sabes cómo se come las zanahorias mi hermano menor Las coloca en un panecillo y se las come como si fuera un perrito caliente Qué rico Cuál es tu verdura favorita Por qué

Paso siguiente Escribe tres oraciones sobre una de las siguientes verduras. Una oración debe hacer una afirmación o un mandato, otra oración debe hacer una pregunta y la tercera debe expresar un sentimiento intenso.

berenjena   repollo   espárrago   calabacín   maíz

1. *Afirmación o mandato:* _____

_____

_____

2. *Pregunta:* _____

_____

_____

3. *Exclamación:* _____

_____

TEKS 3.23C

Nombre

_____

La coma entre los elementos de una serie

- Escribe una coma entre las palabras de una serie, menos antes de la *y*.

  La mayoría de los escritorios están llenos de papeles, lápices y libros.

- Escribe una coma entre las frases de una serie, menos antes de la *y*.

  Papá usa calculadoras solares, lápices negros y notas adhesivas.

Enlace con
Fuente de escritura

510

 1   **En cada oración, escribe una coma entre las palabras y frases de la serie.**

1. El escritorio de mamá está lleno de cartas cuentas y fotos.

2. Las gomas el cuchillo cartonero y los chinches están en un tarrito.

3. Ella guarda las reglas las tijeras y una planta en un estante.

4. El cajón de arriba contiene etiquetas adhesivas unas ligas dos chequeras y tres blocs.

5. El cajón de abajo contiene cuadernos con espiral unos archivadores y cartas viejas.

6. Ella guarda los lápices los bolígrafos y los marcadores en un envase que hice en la escuela.

7. En otro cajón hay un diccionario un atlas y dos directorios telefónicos.

Paso siguiente Escribe una lista con las cosas que tienes en tu escritorio o tu armario.

_____   _____

_____   _____

_____   _____

_____   _____

_____   _____

Ahora escribe un párrafo sobre las cosas que hay en tu escritorio o tu armario. En tus oraciones debe haber palabras o frases en una serie. Empieza con esta oración temática: ¡Por favor no abrir este escritorio!

_____

_____

_____

_____

_____

_____

_____

_____

_____

Nombre

La coma al escribir una carta

Enlace con
Fuente de escritura

Escribe una coma después de la despedida en todas las cartas. (En el saludo se usan dos puntos).

- Una tarjeta postal

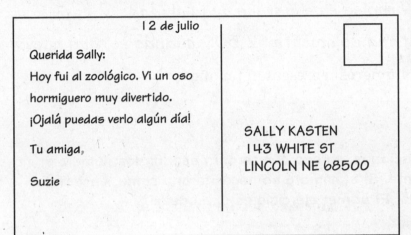

12 de julio

Querida Sally:
Hoy fui al zoológico. Vi un oso hormiguero muy divertido.
¡Ojalá puedas verlo algún día!

Tu amiga,

Suzie

SALLY KASTEN
143 WHITE ST
LINCOLN NE 68500

 1 Escribe tu propio mensaje en esta postal. No olvides escribir la fecha y firmar con tu nombre. Escribe correctamente la coma.

_____ :

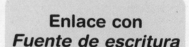

Nombre

La coma para escribir números correctos

Se usa coma entre los números para que sean más fáciles de leer. Si el número tiene más de tres dígitos, escribe una coma.

Hay unos 1,500 árboles en el parque de la ciudad.

Ese carro viejo costaba solamente $2,500 cuando estaba nuevo.

Pista: No uses coma si los números representan un año (1776, 2010).

En estas oraciones, agrega comas para escribir los números correctamente. Si el número no necesita una coma, enciérralo en un círculo. El primer ejercicio es el modelo.

1. Mi maestra me dijo que en la escuela había 1728 estudiantes.

2. Algunos barcos de nuestra marina tienen una tripulación de 5000 personas.

3. El director dijo que asistieron 300 padres a nuestro espectáculo de talentos.

4. Alguien donó $2500 para comprar tambores nuevos para la escuela.

5. Mamá pagó $25 por mi nueva mochila.

6. El muro del patio de juegos tiene 3200 ladrillos en total.

Paso siguiente   Agrega comas a estos números cuando se necesite.

1. el año 2000   **3.** 3250 personas   **5.** $4555

2. 290 cajas   **4.** 1475 boletos   **6.** 2312 computadoras

TEKS 3.23C

Nombre _____

La coma en las direcciones

Enlace con
Fuente de escritura

FELIZ CUMPLEAÑOS

512

1 Escribe la información de tres de tus compañeros o amigos. No olvides escribir una coma entre el estado y la ciudad de cada dirección. Recuerda que en la fecha no va coma.

Nombre _____

Dirección _____

Ciudad, estado, C.P. _____

Fecha de nacimiento _____

Nombre _____

Dirección _____

Ciudad, estado, C.P. _____

Fecha de nacimiento _____

Nombre _____

Dirección _____

Ciudad, estado, C.P. _____

Fecha de nacimiento _____

TEKS 3.23C

2 Completa cada invitación. Usa los nombres y las direcciones de la primera página de esta actividad. (Si quieres, puedes decorar tu invitación).

Fiesta sorpresa

Participa en una fiesta sorpresa para

_____

Fecha: _____

Hora: _____

Dirección: _____

_____

Merienda campestre del vecindario

Acompaña a _____

para pasar una tarde divertida.

Dirección: _____

_____

Fecha: _____

Hora: _____

TEKS 3.22A(viii), 3.23C

Nombre

_____

La coma en oraciones compuestas

Enlace con
Fuente de escritura

512

Usa una **coma** antes de las conjunciones coordinantes *pero*, *así que* y *ya que* cuando escribas una oración compuesta. Generalmente, no uses coma antes de *y* ni de *o*.

En la escuela estudiamos los planetas y ya sé mucho sobre ellos.

He leído sobre la Venus atrapamoscas, pero nunca he visto una.

 Subraya la conjunción coordinante en cada oración compuesta. Escribe una coma cuando se necesite.

1. La mayoría de las plantas obtienen su alimento del suelo pero algunas

plantas comen insectos.

2. La Venus atrapamoscas crece en los pantanos y ella realmente atrapa

moscas.

3. La atrapamoscas parece inofensiva pero es peligrosa para los insectos.

4. Las hojas son como trampas y ¡vaya que tienen dientes!

5. Una hoja de atrapamoscas se cierra ya que sintió un insecto.

6. El insecto queda atrapado y ya no puede huir.

7. Las Venus atrapamoscas se cultivan en las tiendas de plantas o crecen

silvestres.

8. Puedes darle insectos a tu atrapamoscas pero no puedes darle carne.

9. Las Venus atrapamoscas no comen carne ya que no les gusta la sal.

★ **TEKS** 3.22A(viii), 3.23C

2 Combina cada par de oraciones sencillas para formar una oración compuesta. Escribe una coma antes de la conjunción coordinante cuando se necesite. El primer ejercicio es el modelo.

1. Las computadoras son rápidas.
Son muy divertidas.

   Las computadoras son rápidas y muy divertidas.

2. Romina quiere usar su computadora nueva.
No sabe cómo encenderla.

_____

_____

3. Ella necesita ayuda ahora.
Comenzará a llorar.

_____

_____

4. Romina le pide ayuda a la Srta. López.
Ella le dice que la ayudará.

_____

_____

Paso siguiente Dile a tu compañero una oración compuesta con una conjunción coordinante sobre el uso de las computadoras.

Nombre

Enlace con
Fuente de escritura

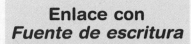

La coma para dirigirse a una persona

Usa una **coma** para separar el nombre de una persona cuando te diriges a ella.

—Joel, ¿recuerdas el cuento del cabrito y el lobo?

—Lo recuerdo muy bien, Sra. Ayala.

Si el nombre va en el medio de la oración, usa una coma antes y después del nombre.

—Yo creo, maestra, que el niño supo qué hacer.

514

1 Escribe una coma donde se necesite en estas oraciones.

1. —Jamal ¿de qué se trataba el cuento?

2. —Maestra el cuento era sobre una cabra que fue a buscar comida para su cabrito.

3. —Ese es el principio Jamal. Después la cabra le dijo al niño que cerrara la puerta con llave y que no dejara entrar a nadie.

4. —Sí Sam. Después un lobo llama a la puerta y habla igual que la cabra.

5. —Luego Sra. Ayala el cabrito mira por la ventana y ve al lobo.

6. —Muy bien Jamal. Y el cabrito no deja entrar al lobo.

7. —Y la moraleja de este cuento queridos niños es que las madres siempre saben más.

TEKS 3.23C

Paso siguiente Imagina que la Sra. Ayala se dirige a ti para decirte algo del cuento. Escribe lo que ella dice. No olvides usar una coma cuando te nombre.

_____

_____

2 Escribe una coma donde se necesite en las siguientes oraciones.

1. —Niños pensemos en otras fábulas que hayamos leído.

2. —Maestra yo recuerdo una fábula sobre una hormiga y un saltamontes.

3. —Yo también la recuerdo Juana. La hormiga trabajaba y el saltamontes no hacía nada.

4. —Justamente Manuel. La hormiga guardó comida para el invierno mientras el saltamontes no hacía nada.

5. —Muy bien niños. ¿Pero cuál es la enseñanza?

6. —Significa Sra. Ayala que todos tenemos que hacer nuestros deberes.

7. —Bien pensado Marcela.

Paso siguiente ¿Qué oración escribirías para pedirle a la maestra Ayala que les lea otra fábula? No olvides usar correctamente la coma para dirigirte a una persona.

_____

_____

TEKS 3.23C

Nombre

La coma después de una palabra introductoria

Enlace con
Fuente de escritura

514

- Usa una **coma** para separar una interjección.

¡Oh, qué fuerte suena ese tambor!

1 Escribe una coma donde se necesite en estas oraciones.

1. ¡Epa no toques tan fuerte el tambor!

2. ¡Oh disculpa!

3. ¡Vaya mis oídos también retumban!

4. ¡Uy se me rompió un palillo!

5. ¡Oye mamá tiene unos palillos de repuesto!

6. ¡Hurra qué suerte!

7. ¡Mira ahí viene mamá!

8. ¡Sí qué bueno!

9. ¡Hola niños!

Paso siguiente Imagina que tu clase está practicando con muchos instrumentos diferentes. (Elige entre estos instrumentos u otros que se te ocurran). Escribe cuatro oraciones que incluyan una interjección. No olvides usar la coma correctamente. La primera oración es el modelo.

maracas	guitarra	flauta
pandereta	trompeta	clarinete

1. ¡Huy, se me cayó la pandereta!

2. _____

_____

_____

3. _____

_____

_____

4. _____

_____

_____

5. _____

_____

_____

⭐ **TEKS** 3.22A(vi), 3.23C

Nombre _____

La coma después de un grupo de palabras

Enlace con
Fuente de escritura

514

● Usa una **coma** para separar un grupo de palabras introductorias. Generalmente, el grupo de palabras introductorias es una frase preposicional. Una frase preposicional es una preposición seguida de una o más palabras.

Después de clases, juego con mis amigos.

Cuando oscurece, todos nos vamos a casa.

1 Agrega una coma donde se necesite en estas oraciones. Hay tres oraciones que no necesitan coma.

1. Cuando oscureció cerraron el patio de juegos.

2. Monté en bicicleta alrededor del vecindario.

3. Cuando mamá llegó a casa le di un fuerte abrazo.

4. Después de cenar jugamos a pescar.

5. Me gusta tomar chocolate caliente antes de ir a dormir.

6. Mientras me lavaba los dientes papá habló de nuestra pesca.

7. Antes de irme a dormir leí mi libro favorito.

8. Durante la noche soñé que pescaba un pez inmenso.

9. En la mañana mamá me preguntó si quería desayunar sardinas.

10. Pensé que seguía soñando.

TEKS 3.22A(vi), 3.23C

2 Completa estas oraciones. No olvides agregar una coma después de las palabras introductorias. El primer ejercicio es el modelo.

1. Cuando se ilumina el cielo con un relámpago, _escucho el sonido de un_

trueno.

2. Después de que comienza a llover _____

_____

_____

3. Durante la tormenta _____

_____

_____

4. Como a mi perro no le gustan los truenos _____

_____

_____

5. Hasta que vuelve a salir el sol _____

_____

_____

Paso siguiente Dile a un compañero lo que haces durante una tormenta. Usa preposiciones y frases preposicionales en tu respuesta.

Nombre

Las contracciones

La **contracción** *al* está formada por las palabras *a* y *el*. La palabra *a* es una preposición y la palabra *el* es un artículo.

Vamos al estadio.

Nos subimos al carro.

La **contracción** *del* está formada por las palabras *de* y *el*. La palabra *de* es una preposición y la palabra *el* es un artículo.

Volvimos del estadio.

Mira los guantes del portero.

 Vuelve a escribir cada oración, reemplazando las palabras en negrita por una contracción.

1. Entramos **a el** estadio. _____ Entramos al estadio. _____

2. Juan fue el mejor **de el** partido. _____

3. Mary saluda **a el** portero. _____

4. Disfrutamos **de el** partido. _____

5. Todos salen **de el** estadio. _____

2   **Escribe las contracciones para reemplazar las palabras en negrita.**

1. los zapatos **de el** entrenador   _____

2. la llegada **a el** estadio   _____

3. la atajada **de el** portero   _____

4. subir **a el** segundo piso   _____

3   **En cada oración, escribe las frases correctamente.**

1. Fui **a el corral** más grande. _____

2. Le pedí una cuerda **a el** amigo de papá. _____

3. Él fue **a el** establo. _____

4. Sacó una cuerda larga **de el** establo. _____

5. Me subí **a el** caballo. _____

6. El caballo era **de el** amigo de papá. _____

7. Me acompañó **a el** río. _____

8. Volví con unos peces **de el** río. _____

Paso siguiente   **Escribe una oración con la contracción *al* y otra oración con la contracción *del*.**

1. _____

2. _____

Nombre

_____

Uso del guión largo (raya) en el diálogo

Enlace con
Fuente de escritura

518

Una manera de mostrar las palabras exactas que dicen los personajes de una historia es a través de globos de diálogo.

> Mira los bigotes del gato.

> ¡Son larguísimos!

Otra manera de mostrar lo que dicen los personajes es a través de guiones de diálogo (rayas). El **guión largo (raya)** separa las palabras de los personajes de las palabras del narrador.

—Mira los bigotes del gato —dijo Megan.
—¡Son larguísimos! —exclamó Saúl.

1 Lee las palabras de los globos de diálogo. Después, en las oraciones de abajo, escribe los guiones de diálogo donde se necesite.

> ¿Cuáles te gustan más, los gatos o los perros?

> Creo que prefiero a los gatos porque son más independientes.

Megan preguntó: ¿Cuáles te gustan más, los gatos o los perros?

Creo que prefiero a los gatos porque son más independientes respondió Saúl.

2 Lee estos globos de diálogo. Luego, en los espacios de abajo, escribe lo que dijeron Megan y Saúl.

> Papá va a comprarme un hámster.

> ¡Genial! Los hámsters me gustan más que los perros y los gatos.

Megan dijo: _____

_____

_____

_____

_____

_____ dijo Saúl con alegría.

Paso siguiente Continúa el diálogo entre Megan y Saúl. Escribe una oración para Megan y una oración para Saúl. Asegúrate de usar los guiones largos correctamente.

_____

_____

_____

_____

TEKS 3.23C

Nombre

Los dos puntos y la coma en el diálogo

- Usa **dos puntos** antes de las palabras de los personajes de una narración.

  Maryanne dijo: ¿Te gusta la casa de nuestro perro?

- Usa una **coma** después de las palabras del narrador si a continuación sigue hablando el personaje. La misma regla se aplica a los puntos.

  Es chiquita   dijo Claudia , pero también hermosa.

  La pinté yo misma   explicó Maryanne , Me tardé toda una mañana.

- Usa una **coma** para separar el nombre de la persona a quien se dirige un personaje de una narración,

  Maryanne, te felicito   dijo Claudia.

1 Agrega guiones largos (rayas), comas y dos puntos donde se necesite en los siguientes diálogos. El primer ejercicio es el modelo.

1. Claudia ¿cuándo podré ver tu hámster? preguntó Maryanne.

2. Y Claudia respondió   Este sábado puede ser.

3. ¿Lo tienes en una jaula? dijo Maryanne.

4. Maryanne él vive ¡en una jaula grande y hermosa! exclamó Claudia.

TEKS 3.23C

 2   Agrega guiones largos (rayas), comas y dos puntos donde se
necesite en los siguientes diálogos.

1. Tomás dijo   Leonel ¿por qué no me devolviste la llamada anoche?

2. Lo siento respondió Leonel. Llegamos tarde a casa.

3. Quería saber si podías quedarte a dormir en mi casa dijo Tomás.

4. Ojalá pueda   respondió Leonel   pero no sé si me darán permiso.

5. Y Tomás preguntó   ¿Me puedes avisar temprano hoy?

Paso siguiente   Imagina que Leonel llama por teléfono a Tomás.
Escribe cuatro diálogos para mostrar lo que podrían
haber conversado. Asegúrate de usar correctamente
los guiones de diálogo, las comas y los dos puntos.

_____

_____

_____

_____

_____

_____

_____

_____

Nombre

_____

Las comillas en los pensamientos

Enlace con
Fuente de escritura

Una manera de representar lo que piensan los personajes es a través de nubes de pensamiento

> ¿Por qué Mirna aún no llama?

> Olvidé llamar a Jessica.

Otra manera de mostrar lo que piensan los personajes es usar **comillas.**

Jessica se preguntó: "¿Por qué Mirna aún no llama?"
"Olvidé llamar a Jessica", pensó Mirna.

1   **Lee las palabras de las nubes de pensamiento. Luego, en las oraciones de abajo, escribe las comillas que se necesiten.**

> Le pediré que me preste su guante de béisbol.

> ¿Dónde dejaría la pelota de béisbol?

Le pediré que me preste su guante de béisbol, pensó Jessica.

Mirna se preguntó: ¿Dónde dejaría la pelota de béisbol?

2 Lee estas nubes de pensamiento. Luego, en los espacios de abajo, escribe lo que pensaron Jessica y Mirna.

Me iré a dormir porque tengo mucho sueño.

¡Qué simpático es este personaje!

_____ pensó Jessica.

_____

_____

Mirna pensó: _____

_____

_____

Paso siguiente Imagina que puedes leer la mente de los personajes de uno de tus cuentos. Escribe dos oraciones para decir lo que podrían pensar dos de tus personajes. No olvides usar correctamente las comillas.

_____

_____

_____

Nombre

_____

Las comillas en las citas directas

Enlace con
Fuente de escritura

520

Escribe entre comillas las palabras exactas que dijo una persona. Así marcas una cita directa.

"Yo tengo un sueño", dijo Martin Luther King en un discurso.

Escribe entre comillas las palabras exactas tomadas de un libro.

En la página 35 dice que "siempre vemos la misma cara de la Luna".

1 Agrega comillas donde se necesite en las siguientes oraciones. En todos los ejercicios se citan frases que dijeron diferentes personas famosas.

1. El tiempo descubre la verdad, dijo el filósofo Séneca.

2. El mejor medio para hacer buenos a los niños es hacerlos felices dijo Óscar Wilde.

3. Las puertas de la sabiduría nunca están cerradas, decía Benjamín Franklin.

4. La paciencia tiene más poder que la fuerza, decía Plutarco.

5. Toma las cosas por el lado bueno, dijo Thomas Jefferson.

2 Agrega comillas donde se necesite en las siguientes oraciones. En todos los ejercicios se citan palabras textuales de los libros.

1. En el libro de matemáticas dice: Los hexágonos tienen seis lados.

2. Los leones viven en manadas, dice el libro de ciencias.

3. Todas las palabras esdrújulas llevan tilde, leí en el libro de ortografía.

3 Agrega comillas en las siguientes oraciones.

1. ¡Excelente respuesta! es la frase típica del maestro.

2. ¿Conoces el dicho que dice ayúdate que yo te ayudaré?

3. El hombre pisó la Luna en 1969, dice en la página 51.

4. El letrero dice: La playa está cerrada.

Paso siguiente Escribe dos citas directas. En una cita deben estar las palabras exactas de un libro. En la otra deben estar las palabras exactas de un letrero o una persona.

_____

_____

_____

_____

Enlace con
Fuente de escritura

520,
522

Comillas, subrayar y usar la cursiva en los títulos

Cuando escribas, encierra entre comillas los títulos de las canciones, los cuentos cortos y los poemas. Subraya los títulos de libros, películas, programas de televisión, obras de teatro y revistas, así como los nombres de barcos y naves espaciales. (Usa la cursiva en lugar del subrayado si escribes en una computadora). Además, recuerda usar estas reglas cuando cites los textos de consulta en una página de obras citadas.

Cantamos "La bandera llena de estrellas" antes del juego.

Marie leyó el poema "Rosas para ti".

Me gustó el cuento "La abeja haragana".

Vi la película *Bambi* con mi hermana menor. (o <u>Bambi</u>)

Me gustó leer la revista *Grillitos*. (o <u>Grillitos</u>)

 1 **Escribe correctamente los títulos de estas oraciones.**

1. A Álvaro le gusta leer la revista National Geographic.

2. Mis amigos vieron la película Peter Pan.

3. Nuestra clase leyó el cuento corto La montaña.

4. Cantamos la canción La gatita Carlota.

5. Mamá compró el libro La casa bella.

6. A Jamie le gusta el programa Sábado Gigante.

7. El ratón y el león es un cuento corto genial.

8. La Niña, la Pinta y la Santa María eran los barcos de Colón.

2 Escribe correctamente los títulos de estas oraciones.

1. Yoko fue a ver la película Los Increíbles.

2. La revista Fauna tiene muchos datos sobre los animales.

3. Su papá le compró a Sylvia un libro llamado Cuentos de los hermanos

Grimm.

4. Todos se saben la canción Arroz con leche.

5. A Joan le gusta el programa Plaza Sésamo.

6. Sammy se sonríe cuando lee el poema El dragón malhumorado.

7. Los papás de Phil compraron El Hombre Araña 2 en versión DVD.

8. Mujercitas es uno de los libros favoritos de Josie.

9. ¿Te gusta la revista Éxito?

Paso siguiente Escribe dos oraciones. En cada una debes incluir el
título de una canción, un libro o una revista. Asegúrate
de escribir los títulos correctamente.

_____

_____

_____

_____

Nombre _____

Los dos puntos

524

● Escribe **dos puntos** después del saludo en una carta.

Querida Srta. Cosby: Estimado Samuel:

● Escribe **dos puntos** entre las partes de un número que muestra la hora.

11:15   12:30

---

 1 **Agrega los dos puntos donde se necesite en esta carta comercial.**

Estimado alcalde Hudson

Le escribo para informarle sobre nuestro "Día de la limpieza" en el vecindario. Este

se hará el sábado 17 de abril, desde las 1 0 0 0 a.m. hasta las 4 0 0 p.m. Se

necesitan camiones municipales en los siguientes horarios y lugares:

1 1 3 0 a.m.   Se necesitan camiones municipales para comenzar a recoger las

bolsas de basura. Estarán en las esquinas de todo el vecindario.

1 2 0 0 p.m.   El restaurante El Taco Grande donará los almuerzos.

4 0 0 p.m.   Se necesitan camiones municipales para recoger la maleza del

parque Green Bayou. La maleza se apilará en la entrada del

parque.

Gracias por su ayuda para este proyecto.

Atentamente,

Matt Stone

Matt Stone

2 Abajo están los inicios de algunas cartas. Los estudiantes escribieron cartas para confirmar las salidas de excursión. Agrega dos puntos donde se necesite.

1. Estimado Sr. Wilson

Nuestra clase quiere visitar la estación de Bomberos el próximo lunes desde 9 3 0 hasta las 1 1 0 0 a.m.

2. Estimada Srta. Stephanopoulos

Gracias por invitarnos a visitar su panadería el viernes entre las 1 0 3 0 a.m. y las 1 2 0 0 del día.

3. Estimado Sr. Kennedy

Nuestra clase está emocionada por la visita al canal de TV desde la 1 0 0 hasta las 2 0 0 p.m., el próximo viernes.

4. Estimado señor Álvarez

Nosotros estamos ansiosos por hacer nuestra excursión al estadio el próximo jueves entre las 1 1 0 0 y las 1 2 3 0 p.m.

Paso siguiente Escribe el principio de una carta sobre la próxima salida a terreno. Escribe tu carta a alguien que trabaja en un lugar que quieres visitar. (Inventa su nombre).

_____

_____

_____

Nombre _____

El guión

Enlace con
Fuente de escritura

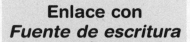

526

El **guión** se usa para dividir palabras en sílabas.
Divide la palabra cuando no tengas más espacio al
final de una línea.

pe-lo-ta

Estuve a punto de atrapar la pelota en el aire.

1 **Separa con guiones las sílabas de estas palabras.**

1. gatito _____

2. dibujo _____

3. montaña _____

4. personas _____

5. música _____

6. trayecto _____

7. cocina _____

8. pizarrón _____

9. empresa _____

10. ventana _____

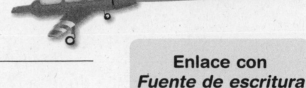

Nombre

Enlace con
Fuente de escritura
526

Los paréntesis

Los **paréntesis** se usan para agregar información. Los paréntesis siempre van en pares.

Usa dos clavos (de dos pulgadas de largo) para cada lado de la caja.

Ayer, vi un pájaro poco común (un agateador).

Agrega los paréntesis donde se necesite en estas oraciones.

1. Mike lee sobre los pájaros en la enciclopedia volumen 2.

2. Hugo el segundo niño a la derecha tiene tres perros.

3. Guarda la pelota de fútbol aquí en el mueble verde detrás de la puerta.

4. Puedes leer el poema en este libro consulta el capítulo 3.

5. La casa de Regina está en la calle Water revisa mi mapa.

6. Para pintar la maqueta, sigue las instrucciones ver la parte de atrás

de la caja.

Paso siguiente Escribe una oración sobre el clima. Incluye paréntesis para agregar información.

_____

_____

_____

Nombre _____

Repaso de puntuación

Enlace con
Fuente de escritura
507 a 527

En esta actividad se repasan los signos de puntuación.

 Completa las siguientes oraciones. Asegúrate de usar correctamente los signos de puntuación. (Pista: dos de las respuestas no necesitan signo de puntuación).

1. La fecha de hoy es _____ .

2. El nombre de mi escuela es _____ .

Mi escuela está en esta ciudad y estado:

_____

3. Las clases comienzan a las _____ a.m. y terminan a las _____ p.m.

4. Nuestra clase está estudiando _____

_____ y _____ .

5. El nombre de nuestro maestro (o maestra) es _____ .

2 **Completa las siguientes oraciones. Escribe correctamente estos diálogos. Asegúrate de usar correctamente los guiones largos, la coma y los dos puntos.**

1. La maestra dijo _____

_____

2. _____

_____ dijo el estudiante.

3 Agrega la puntuación que se necesite (comas, puntos, paréntesis, guiones, y así sucesivamente) en esta carta.

23 de abril del 2008

Estimado Ramón

Después de que te llamé la semana pasada vi la película Robots El viaje por la ciudad de los robots fue sorprendente. Cuándo viste esa película Josie dijo que más de 500 niños en nuestra ciudad la han visto. Eso son muchos niños Cuando vengas a visitarme en julio podríamos arrendar la película. Me gustaría verla de nuevo.

Estoy trabajando en un barco armable mira el dibujo en la parte de atrás de esta carta. Es un submarino nuclear. Es el sub marino más nuevo y se llama Lobo de mar. Mi padrastro me está ayudando a armarlo. Lo pintaré de negro rojo oscuro y plateado.

Tengo que ir a hacer mi tarea ahora. Espero que te diviertas jugando al fútbol. Cuando estés aquí practicaremos los penales las atajadas y algunas jugadas.

Tu amigo

Brian

TEKS 3.22A(ii)

Nombre

Letras mayúsculas en los sustantivos propios

Un **sustantivo propio** nombra una persona, lugar o cosa específica. Los sustantivos propios siempre se escriben con mayúscula inicial.

María

St. Louis

Festival de la Fresa

Enlace con *Fuente de escritura*

528, 530, 538, 566,

---

1 **Escribe dos sustantivos propios en cada categoría.**

1. ciudad _____Houston_____ _____Springfield_____

2. título (libro) _____ _____

3. escuela _____ _____

4. océano _____ _____

5. persona _____ _____

6. parque _____ _____

---

2 **Escribe una oración interesante con al menos dos de los sustantivos propios de tu lista. Luego dile a un compañero una oración con otros dos sustantivos propios.**

_____

_____

_____

 3.22A(ii)

3 Escribe seis días feriados que conozcas. Recuerda que los días feriados se escriben con mayúscula. Después, escribe diez estados que conozcas.

Días feriados

1. _____   4. _____

2. _____   5. _____

3. _____   6. _____

Estados

1. _____   6. _____

2. _____   7. _____

3. _____   8. _____

4. _____   9. _____

5. _____   10. _____

Paso siguiente Responde a un compañero estas preguntas.

1. ¿Cuál es tu día feriado favorito?

2. ¿Cuál es tu estado favorito?

TEKS 3.23B(iii)

Nombre

_____

Letras mayúsculas en los títulos oficiales

Enlace con
Fuente de escritura

Generalmente, escribe con mayúscula inicial los **títulos oficiales** cuando no van con el nombre de la persona.

> Leí sobre el presidente George Washington.
> El Presidente era una gran persona.

1 En cada oración, usa el título oficial que se indica. Asegúrate de usar las mayúsculas solamente cuando no digas el nombre de la persona.

1. Escribe una oración con el nombre del Presidente de los Estados Unidos.

_____

2. Escribe una oración sobre el Presidente, sin decir su nombre.

_____

3. Escribe una oración con el nombre de tu gobernador.

_____

4. Escribe una oración sobre el Gobernador, sin decir su nombre.

_____

5. Escribe una oración sobre tu presidente favorito.

_____

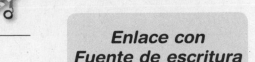

Nombre

Letras mayúsculas en la primera palabra

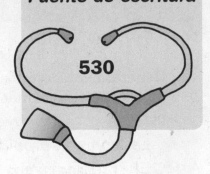

Enlace con Fuente de escritura

530

- Escribe con mayúscula inicial la **primera palabra** de todas las oraciones.

Mi corazón es un músculo.

¿Puedes escuchar sus latidos?

- Escribe con mayúscula la primera palabra de una cita directa. (Una cita directa son las palabras exactas de una persona o de un libro).

El letrero dice: "Propiedad privada".

1 Agrega las mayúsculas donde se necesite en estas oraciones. El primer ejercicio es el modelo.

1. E̶n la puerta se lee: "C̶ada animal tiene su pulso".

2. este se mide en latidos.

3. los animales grandes tienen el pulso más lento que los animales

   pequeños.

4. averigua tu pulso.

5. un aviso dice: "qué tan rápido late tu corazón".

6. en un libro dice: "el corazón de un bebé late más rápido".

7. cuenta los latidos de tu corazón en un minuto.

8. un corazón normal late entre 60 y 100 veces por minuto.

9. los corredores tienen un pulso entre 160 y 200 pulsaciones por minuto.

10. ¡eso es muy rápido!

Nombre _____

Letras mayúsculas en los títulos

Enlace con
Fuente de escritura

Escribe con mayúscula inicial la primera palabra de un **título**. Además, los sustantivos propios siempre se escriben con mayúscula.

<u>La isla del tesoro</u> (título de un libro)

"El soldadito de plomo" (título de un cuento)

"El ratoncito Miguel" (título de una canción)

 1 Escribe los títulos usando la mayúscula cuando corresponda. Como estos títulos son títulos de libros y revistas, subráyalos. El primer ejercicio es el modelo.

1. chato y su cena <u>Chato y su cena</u>

2. los deportes de hoy _____

3. diccionario de rimas _____

4. el dueño de los animales _____

5. el gigante egoísta _____

6. carros rápidos _____

7. antón pirulero _____

 **TEKS** 3.23B(ii)

Nombre

_____

Letras mayúsculas en las épocas históricas

Escribe con mayúscula inicial las **épocas históricas.** Una época histórica es una cantidad de tiempo que se puede identificar por sucesos que ocurrieron o existieron durante ese tiempo.

Edad de Piedra
Antigua Roma

1 **Escribe la época histórica usando correctamente las mayúsculas.**

1. era espacial _Era Espacial_____

2. era del hielo _____

3. era de la información _____

4. antigüedad _____

5. edad media _____

6. edad de hierro _____

7. renacimiento _____

8. edad de oro _____

★ TEKS 3.23B(i)

Nombre

_____

Letras mayúsculas en los nombres y lugares geográficos

Escribe con mayúscula inicial el nombre de los lugares geográficos, como ríos, lagos, montañas, ciudades, estados, países, caminos, planetas y carreteras.

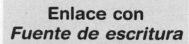

Enlace con
Fuente de escritura

532

1 Escribe tres nombres y lugares geográficos en cada columna. Asegúrate de usar correctamente las mayúscula. (Conviene que hagas esta actividad con un compañero).

Ríos

_____

_____

_____

Lagos

_____

_____

_____

Ciudades

_____

_____

_____

Estados

_____

_____

_____

Calles/Avenidas

_____

_____

_____

Planetas

_____

_____

_____

48

TEKS 3.23B(i)

2 Escribe con mayúscula los nombres geográficos. El número entre paréntesis te indica cuántas mayúsculas necesitas. El primer ejercicio es el modelo.

1. La ciudad de ~~r~~^Red ~~l~~^Lion, ~~p~~^Pennsylvania, está cerca del río ~~s~~^Susquehanna. *(4)*

2. Si estás buscando el río san lorenzo, lo encontrarás en nicaragua. *(3)*

3. La reserva hungry horse está en montana. *(3)*

4. El río snake forma parte de la frontera entre idaho y oregon. *(3)*

5. La capital de argentina se llama buenos aires. *(3)*

6. El parque de los everglades se encuentra en el estado de florida. *(2)*

7. Si alguna vez vas a laredo, texas, podrás ver el río grande. *(4)*

8. Los lagos michigan, hurón, erie, ontario y superior son cinco lagos muy importantes. *(5)*

9. En new jersey encontrarás una ciudad llamada newark. *(3)*

10. Tu encontrarás el lago cadibarrawirracanna en australia. *(2)*

11. El río brazos está en texas. *(2)*

TEKS 3.23B(i), 3.23B(ii), 3.23B(iii)

Nombre

_____

Repaso de las letras mayúsculas

Esta actividad es un repaso de la mayúsculas.

Enlace con
Fuente de escritura

528, 530, 532

1 Agrega mayúsculas en los siguientes párrafos. También responde la pregunta después de cada párrafo.

Bórralo

en 1770, durante la revolución industrial, un inglés llamado joseph priestley viajó por américa del sur. él recolectó líquido de los árboles. se dio cuenta de que este líquido borraba las marcas de lápiz. joseph lo llamó goma de borrar.

¿Cuáles son tres cosas hechas de goma?

_____   _____   _____

Dinamítalo

en suecia, un hombre llamado alfred nobel inventó un material explosivo que llamó dinamita. los mineros usan la dinamita con frecuencia. el dinero que ganó por el invento ahora se entrega a las personas que reciben el premio nobel. Uno de los ganadores de este premio es el presidente de los estados unidos.

¿Por qué los mineros usan la dinamita?

 **TEKS** 3.23B(i), 3.23B(ii), 3.23B(iii)

2 Usa las mayúsculas cuando corresponda en estos dos párrafos. También responde la pregunta al final de cada párrafo.

Téjelo

hace mucho tiempo, en china, la emperatriz estaba tomando té. un capullo de oruga cayó en su taza. ella desenrolló el capullo y pensó: "el capullo está hecho de un hilo largo. ¿qué pasará si lo uso para tejer algo?". así es como se descubrió la seda china. la seda fue usada como dinero durante el período de la dinastía han.

¿Cuáles son dos cosas que están hechas de seda?

_____   _____

Límpialo

una mujer estadounidense, mary anderson, tuvo una buena idea en 1903. "¡ajá!" pensó ella. "si le pusiéramos una hoja de goma de lado a lado a un parabrisas, podríamos limpiar de lejos la lluvia y la nieve". ¡cómo se llama su invento hoy en día?

Respuesta: _____

TEKS 3.22A(ii), 3.24C

Nombre

_____

Los plurales 1

Un **sustantivo plural** nombra a más de una cosa. La mayoría de los plurales se forman agregando *-s* al final de las palabras que terminan en vocal y *-es* a las palabras que terminan en consonante. Pero hay otros plurales que se forman de una manera diferente.

**Enlace con
*Fuente de escritura***

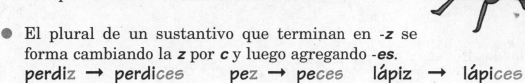

534

- El plural de un sustantivo que terminan en **-z** se forma cambiando la **z** por **c** y luego agregando **-es**.
  perdiz → perdices   pez → peces   lápiz → lápices

- El plural de las palabras que terminan en **-í** o **-ú** se forma agregando **-es** o **-s** al final de la palabra.
  bisturí → bisturíes (bisturís)   bambú → bambúes (bambús)

- El plural de los días *lunes, martes, miércoles, jueves* y *viernes* se forma anteponiendo el artículo plural *los*. Lo mismo ocurre con palabras como *crisis* y *ciempiés*.
  lunes → los lunes   ciempiés → los ciempiés

1 Escribe el plural de cada sustantivo. Los dos primeros ejercicios son modelos.

1. jefe _____jefes_____

2. actriz _____actrices_____

3. crisis _____

4. conejo _____

5. ñandú _____

6. arroz _____

7. camiseta _____

8. antifaz _____

9. el martes _____

10. planta _____

11. esquí _____

12. maíz _____

2   **Escribe los plurales correctos. El primer ejercicio es el modelo.**

1. Hace mucho tiempo dos ____princesas____ vivían en un palacio.
                            (princesa)

2. Una noche dos _____ fueron a su casa.
                    (señor)

3. Ellos les llevaban dos _____.
                        (baúl)

4. Cada baúl tenía _____ diferentes.
                   (flor)

5. La princesa menor eligió los _____.
                           (gladiolo)

Paso siguiente   **Escribe una breve conclusión para este cuento.**

_____

_____

_____

_____

_____

_____

_____

TEKS 3.22A(ii), 3.24C

Nombre _____

Los plurales 2

Un **sustantivo plural** nombra a más de una cosa. En esta actividad, practicarás cómo formar sustantivos plurales.

534

 1 **Escribe el plural de cada palabra.**

1. mes _____

2. estado _____

3. animal _____

4. zapato _____

5. nuez _____

6. luz _____

7. iglú _____

8. semana _____

9. colibrí _____

10. país _____

11. nariz _____

12. manzana _____

13. disfraz _____

14. vez _____

2 **Escribe el plural de cada sustantivo especial.**

1. el miércoles _____

2. el paréntesis _____

3. el viernes _____

4. la dosis _____

5. el martes _____

6. la caries _____

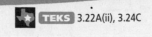

TEKS 3.22A(ii), 3.24C

Paso siguiente Escribe el plural de cada palabra. Luego escribe una oración con el plural de la palabra.

1. *singular:* **raíz**   *plural:* _____

   oración: _____

   _____

2. *singular:* **equipo**   *plural:* _____

   oración: _____

   _____

3. *singular:* **el cactus**   *plural:* _____

   oración: _____

   _____

4. *singular:* **dólar**   *plural:* _____

   oración: _____

   _____

5. *singular:* **árbol**   *plural:* _____

   oración: _____

   _____

Paso siguiente Usa sustantivos singulares y plurales para contarle a un compañero lo que te gustaría encontrar en un cofre del tesoro.

Nombre _____

Cómo escribir los números

- Los números del uno al veintinueve se escriben en palabras, al igual que las decenas.

    Babe Didrikson Zaharias ganó cinco **medallas olímpicas en** un **año.**

536

- Los números mayores que 31 se escriben con cifras.

    Los Estados Unidos ganó 37 **medallas en los Juegos Olímpicos de Invierno de** 2010**.**

Sugerencia: Nunca comiences una oración con un número.

---

1   **Sigue las indicaciones para cada oración. Escribe los números correctamente y asegúrate de usar tu libro *Fuente de escritura*.**

1. Escribe una oración que diga cuántos años tienes.

_____

2. Escribe una oración con un número muy grande.

_____

3. Escribe una oración sobre el número de puertas de tu salón de clases.

_____

4. Escribe una oración con una cantidad de dinero.

_____

5. Escribe una oración que diga cuántos estudiantes de tu clase tienen una mochila roja.

_____

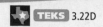

TEKS 3.22D

Cómo usar las abreviaturas

Enlace con
Fuente de escritura

538 a 540

Una **abreviatura** es la forma corta de una palabra
o frase. Muchas abreviaturas comienzan con letra
mayúscula y terminan con un punto.

Señor = Sr.

Doctor = Dr.

Avenida = av.

1 Encierra en un círculo las abreviaturas en esta dirección:

Sr. Miguel Pereira

Calle Esmeralda 222

Caguas, PR 00725

Sugerencia: Usa dos letras en las abreviaturas de los estados cuando escribas la
dirección en el sobre de una carta.

Massachusetts ············→MA

Paso siguiente Escribe tu nombre y dirección. Usa al menos dos
abreviaturas.

_____

(nombre)

_____

(calle)

_____

(ciudad, estado, C.P.)

Nombre

Abreviaturas de los estados

Los estados tiene una abreviatura postal de dos letras.

Alabama = AL

Wyoming = WY

Minnesota = MN

Maine = ME

Enlace con
Fuente de escritura

540

 Después de cada grupo de pistas, escribe el nombre completo del estado. Luego escribe las dos letras de la abreviatura del estado. El primer ejercicio es el modelo.

1. Estatua de la Libertad, edificio Empire State, cataratas del Niágara.

New York   NY

2. Estado del Sol, Centro Espacial Kennedy, Everglades.

_____ _____

3. El estado de la Estrella Solitaria, El Álamo, Dallas.

_____ _____

4. San Francisco, Hollywood, Fiebre del Oro.

_____ _____

5. St. Louis, el Gateway Arch, los Cardenales.

_____ _____

6. Phoenix, Gran Cañón, desierto.

_____ _____

7. Chicago, el presidente Lincoln, lago Michigan.

_____ _____

8. Atlanta, Estado del Durazno, Guerra Civil.

_____ _____

9. Islas, volcanes, estado número 50.

_____ _____

10. Santa Fe, astronomía, las cavernas de Carlsbad.

_____ _____

 TEKS 3.22D

2 Haz lo mejor que puedas para responder estas preguntas. Luego mira la página 540 del libro *Fuente de escritura* y corrige tu trabajo.

¿Cuál es...	Nombre del estado	Abreviatura
1. el estado más grande?	_____	_____
2. el estado más pequeño?	_____	_____
3. el estado con el lugar más alto? *(el estado que está más al norte)*	_____	_____
4. el estado con el lugar más lluvioso? *(un grupo de islas)*	_____	_____
5. el estado con el desierto más seco? *(el tercer estado más grande)*	_____	_____

Paso siguiente Dibuja un mapa de tu estado. Muestra la capital del estado, la ciudad en que vives y otros lugares interesantes. Rotula tu mapa con el nombre del estado y su abreviatura postal.

★ **TEKS** 3.22A(ii)

Nombre

_____

Repaso mixto

Enlace con
Fuente de escritura
528 a 541

Esta actividad es un repaso de las mayúsculas,
los plurales, los números y las abreviaturas.

1 **Completa las oraciones. Asegúrate de usar las mayúsculas y los números correctamente.**

1. _____ es un estado que quiero visitar.

2. _____ es mi día feriado favorito y

_____ es mi ciudad favorita.

3. La abreviatura de mi estado es _____.

4. Hay _____ estudiantes en mi clase.

5. Muchos niños de tercer grado tienen _____ años de edad.

6. Uno de mis libros de texto se llama _____

y voy por el capítulo _____.

7. Mi manual se llama _____

y uno de sus capítulos se llama _____.

8. El libro *Fuente de escritura* tiene _____ páginas.

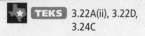 3.22A(ii), 3.22D, 3.24C

2 Escribe estas direcciones. Usa todas las abreviaturas posibles.

doctor Lee Strong _____

señorita Teresa Gómez _____

River City, Wisconsin 54999 _____

señor Charles Johnson _____

doctora Ana Ramírez _____

Wellington, South Carolina 29777 _____

3 Escribe el plural de estas palabras. Escríbelas debajo de la regla que explica cómo formar su plural. El primer ejercicio es el modelo.

abeja	vaca	antifaz	motor	papel
dedo	lápiz	mantel	brazo	voz

1. El plural de la mayoría de los sustantivos se forma agregando una -s al final de la palabra que termina en vocal.

abejas _____ _____

_____ _____

2. Si un sustantivo termina en consonante, su plural se forma agregando -es al final de la palabra.

_____ _____ _____

3. Si un sustantivo termina en -z, se cambia la z por c y luego se agrega -es.

_____ _____ _____

_____

La ortografía y el orden alfabético

1 Escribe la lista de pájaros en orden alfabético (ABC).

urraca	canario	tordo
gaviota	sinsonte	águila
halcón	zorzal	flamenco
ñandú	paloma	quetzal
mirlo	buitre	lechuza

1. _____

2. _____

3. _____

4. _____

5. _____

6. _____

7. _____

8. _____

9. _____

10. _____

11. _____

12. _____

13. _____

14. _____

15. _____

Escribe las palabras en orden alfabético (ABC). Cuando las palabras comiencen con la misma letra, asegúrate de mirar la segunda y la tercera letra.

1. trineo, trabajo, tubo

_____

_____

_____

2. vecino, vocal, variedad

_____

_____

_____

3. milla, miedo, minuto

_____

_____

_____

4. brillante, buque, buitre

_____

_____

_____

5. planeta, pintura, partido

_____

_____

_____

6. pequeña, pasado, persona

_____

_____

_____

Nombre _____

Cómo mejorar la ortografía

Si aprendes algunas reglas básicas de ortografía, podrás escribir muchas palabras. Pero recuerda que hay **excepciones** a las reglas.

 Escribe la palabra correcta del paréntesis para completar la oración.

1. La abuela preguntó si podía _____ la cena. (servir serbir)

2. Miguel no para de _____ .

3. Mi mamá _____ en la tarde.

4. ¿Te gustaría _____ en otra ciudad?

5. La tía Josefa _____ su propia ropa.

6. Las tablas del piso _____ con las pisadas.

7. Mi vecina tiene una _____ en su patio.

8. El agua debe _____ antes de preparar la sopa.

9. ¿Qué quieres _____ cuando grande?

10. Este año aprenderé a _____ .

2 Clasifica las palabras en cuatro grupos: palabras terminadas en *-bir*, palabras terminadas en *-cer*, palabras terminadas en *–ger/-gir* y palabras terminadas en *-anza*.

agradecer	nacer	subir	descubrir
recibir	adivinanza	parecer	proteger
esperanza	prohibir	conocer	surgir
crecer	escribir	dirigir	lanza
describir	vencer	añoranza	corregir
recoger	elegir	balanza	andanza

palabras terminadas en *-bir*

1. _____   4. _____

2. _____   5. _____

3. _____   6. _____

palabras terminadas en *-cer*

1. _____   4. _____

2. _____   5. _____

3. _____   6. _____

palabras terminadas en *-ger/-gir*

1. _____   4. _____

2. _____   5. _____

3. _____   6. _____

palabras terminadas en *-anza*

1. _____   4. _____

2. _____   5. _____

3. _____   6. _____

Nombre

_____

Categorías de ortografía

Clasifica las palabras en dos grupos. Primero haz una lista con las palabras con acento ortográfico. Luego haz una lista con las palabras sin acento ortográfico.

pueblo	pingüino	salón	máquina
sorpresa	México	llamada	equipaje
múltiple	raqueta	género	imán
iglú	semilla	fácil	
neblina	tijeras	gorila	

Palabras con acento ortográfico

1. _____   5. _____

2. _____   6. _____

3. _____   7. _____

4. _____   8. _____

Palabras sin acento ortográfico

1. _____   6. _____

2. _____   7. _____

3. _____   8. _____

4. _____   9. _____

5. _____   10. _____

2 Usa las palabras de ortografía de las páginas 543, 544 y 546 del libro *Fuente de escritura* para responder estos acertijos.

1. lo contrario de izquierda _____

2. pájaro cantor _____

3. el hijo de mi tía _____

4. una calle grande _____

5. el "zapato" de un caballo _____

6. 10 X 0 es igual a _____

7. el que escribe con la mano izquierda _____

8. el segundo mes del año _____

9. lo contrario de "cerca" _____

10. el día antes de hoy _____

11. uno de los tres ratones ciegos _____

12. lo que es del mar _____

13. lo contrario de entrada _____

14. el cielo lleno de nubes _____

15. vive y manda en un palacio _____

Paso siguiente Usa palabras de la lista para escribir una cuento corto que haga reír a alguien.

TEKS 3.24A(i)

Nombre

_____

Cómo usar la palabra correcta 1

Enlace con
Fuente de escritura

548

En español existen diversos patrones ortográficos comunes. Por ejemplo, algunos sonidos se pueden representar por diferentes letras, como el sonido /r/ fuerte, que está representado por las letras *r* y *rr*.

A un *oso* le gusta dormir.

Al *otro* le gusta correr.

 1 Escribe la palabra correcta del paréntesis para completar cada oración.

1. Jermaine tiene un _____ oso de peluche. *(peqeño, pequeño)*

2. Su conejo come _____ y lechugas. *(zanahorias, zanaorias)*

3. El otro día, su gato rasguñó los asientos del _____ *(caro, carro)*.

4. Su perro esconde los _____ en un agujero. *(uesos, huesos)*

Paso siguiente Escribe una oración con cada una de estas palabras: *ahora, ramo, esquina* y *corona*.

Nombre
_____

Cómo usar la palabra correcta 2

Enlace con
Fuente de escritura
550

En español existen diversos patrones ortográficos comunes. Por ejemplo, algunos sonidos se pueden representar por diferentes letras, como el sonido /s/, que está representado por las letras *s*, *c* y *z*.

Vimos once osos jugando.

Los osos grises son animales grandes.

El zoológico es muy divertido.

1 **Escribe la palabra correcta del paréntesis para completar cada oración.**

1. La mayoría de los _____ viven en el Polo Sur. (*pingüinos, pinguinos*)

2. Ellos _____ su comida en el mar. (*consigüen, consiguen*)

3. Sus nidos son muy _____ y algunos no hacen nidos. (*sencillos, senciyos*)

4. El _____ de estos pájaros es muy grueso. (*plumage, plumaje*)

5. Ellos poseen una _____ de grasa bajo la piel. (*kapa, capa*)

6. Estos pájaros no vuelan, sino que _____ . (*bucean, buzean*)

7. Puedes encontrar pingüinos en los zoológicos _____ .

(*megicanos, mexicanos*)

Paso siguiente En unas pocas oraciones, escribe un pequeño cuento en que uses estas cuatro palabras: *cigüeña, guitarra, cayó* y *cabeza*.

Nombre _____

Cómo usar la palabra correcta 3

Enlace con
Fuente de escritura

552

En español existen diversos patrones ortográficos comunes. Por ejemplo, algunos sonidos se pueden representar por diferentes letras, como el sonido /b/, que está representado por las letras *b* y *v*.

¿Qué estarán viendo estos animales?

¿Creerán que los andan buscando?

1 Escribe la palabra correcta del paréntesis para completar cada oración.

1. Hoy _____ a Liu a jugar a nuestra casa. (*invitamos, inbitamos*)

2. La mamá de Liu dijo que iba a _____ todo el día. (*llober, llover*)

3. Liu trajo un juego de _____ para que jugáramos todos.

(*tavlero, tablero*)

4. Liu sacó la caja del estuche y encontró restos de _____ .

(*nuezes, nueces*)

5. De repente escuchamos algo _____ de la caja. (*dento, dentro*)

6. "Liu abrió la caja y _____ estaba su hámster regalón. (*allí, ally*)

  **TEKS** 3.24E(i,ii), 3.24F, 3.24G

Enlace con
Fuente de escritura
554

Cómo usar la palabra correcta 4

En español existen diversos patrones ortográficos comunes. Por ejemplo, las palabras agudas llevan acento ortográfico cuando terminan en *n*, *s* o vocal. Las graves llevan acento ortográfico cuando no terminan en *n*, *s* ni vocal. Y las esdrújulas siempre llevan acento ortográfico.

Llegó la mejor época del año.
(*Llegó* y *mejor* son agudas, *año* es grave y *época* es esdrújula).

 1 **Escribe la palabra correcta del paréntesis para completar cada oración.**

1. Necesitamos que reparen el _____ de nuestro gimnasio. *(reloj, relój)*

2. Siempre anda _____ . *(atrasado, atrasádo)*

3. El _____ casi llegamos tarde al almuerzo. *(sábado, sabado)*

Un *diptongo* es la secuencia de dos vocales que se dicen en la misma sílaba. Un *hiato* es la secuencia de dos vocales que se dicen en sílabas distintas.

Las plantas se alimentan por sus raíces. (ra-í-ces)

Para ellas es importante el agua y la luz del sol. (a-gua)
(La palabra *raíces* tiene un hiato. La palabra *agua* tiene un diptongo).

2 **Escribe la palabra que tiene un hiato para completar cada oración.**

1. _____ se pinchó con las espinas de una rosa. *(María, Juanita)*

2. Ella y yo nos _____ y buscamos un curita para su herida.

(*reímos, fuimos*)

3. Después _____ a su mamá que nos llamaba. *(recuerdo, oímos)*

⭐ **TEKS** 3.24H, 3.24I

Nombre

_____

Cómo usar la palabra correcta 5

En español existen diversos patrones ortográficos comunes. Por ejemplo, las palabras *qué* y *cómo* llevan acento ortográfico cuando son preguntas o exclamaciones.

¿Cómo es la cima de la montaña?
¡Qué frío hace allá arriba!

Enlace con
Fuente de escritura

556

 1 Usa las palabras *qué*, *cómo*, *quién* y *cuál* para completar las oraciones.

1. ¿ _____ es tu fecha de nacimiento?

2. ¿ _____ eligió tu nombre?

3. ¡ _____ lindo es el nombre de mamá!

4. ¡ _____ no se me ocurrió antes!

Algunas palabras tienen un acento especial (acento diacrítico) que sirve para determinar su significado o función, como *él* (pronombre) y *el* (artículo).

Él es mi mejor amigo. El lunes me ayudó con mis deberes.

 2 Escribe la palabra correcta del paréntesis para completar cada oración.

1. Ricky ha visto esa película _____ de tres veces. *(mas, más)*

2. Yo no _____ por qué le gusta tanto. *(sé, se)*

3. _____ dice que la encuentra muy divertida. *(Él, El)*

Paso siguiente Escribe una oración para una de estas palabras: *dónde* y *más*.

Nombre _____

Cómo usar la palabra correcta 6

Los verbos en *pretérito* llevan acento ortográfico cuando son palabras agudas terminadas en vocal. Los verbos en *imperfecto* llevan acento ortográfico cuando tienen un hiato. Los verbos en *condicional* llevan acento ortográfico en la vocal cerrada del hiato. Los verbos en *futuro* llevan acento ortográfico cuando son palabras agudas terminadas en vocal, *n* o *s*.

Mamá salió a comprar. (pretérito)

Yo tenía un caballito de madera. (imperfecto)

Me gustaría aprender piano. (condicional)

La Sra. Green me enseñará a tocarlo. (futuro)

Enlace con
Fuente de escritura

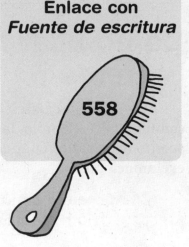

558

1 Escribe la palabra correcta del paréntesis para completar cada oración.

1. Mamá me _____ una gorra de béisbol *(compró, compro)*

2. Yo _____ una gorra azul, pero me trajo una verde. *(queria, quería)*.

3. ¿Por qué se _____ del color que le pedí? *(olvidaria, olvidaría)*

4. Mañana le _____ que me la cambie por otra. *(pediré, pedire)*

5. Un momento, ya sé lo que _____ . *(paso, pasó)*

6. Cuando le _____ la gorra, alguien le hablaba. *(pedi, pedí)*

7. Eso la _____ un poco. *(distraería, distraeria)*

8. Le _____ pasar a cualquiera. *(podria, podría)*

Paso siguiente Escribe una breve historia sobre algo que te haya sucedido. Asegúrate de acentuar correctamente los verbos en pretérito, imperfecto, condicional y futuro.

Nombre

_____

Cómo usar la palabra correcta 7

Enlace con
Fuente de escritura

Los **homófonos** son palabras que suenan igual pero que no se escriben de la misma manera. Además, tienen diferentes significados. Por ejemplo, *rayar* (con un lápiz) y *rallar* (una manzana en un rallador).

Juanita rayó su hoja con líneas horizontales.

Peter ralló el maíz para los tamales.

1 Escribe la palabra correcta (*ay, hay; bienes, vienes; echo, hecho; sumo, zumo; ves, vez*) para completar cada oración.

1. Había una _____ un padre con tres hijos.

2. Un día les dijo que les regalaría todos sus _____.

3. —Primero _____ que ver si son gentiles —les dijo.

4. —Si _____ con nosotros, verás tu campo sembrado —dijo el mayor.

5. —¡_____, no puedo! Estoy muy enfermo.

6. —¿Quieres _____ de naranja? —preguntó el del medio.

7. —¿Lo _____? Todos te cuidaremos —dijo el menor.

8. —¿Qué he _____ para tener hijos tan buenos? —se preguntó.

9. —Cuado salen, los _____ mucho de menos —agregó.

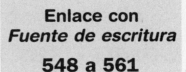

Nombre

Repaso: Cómo usar la palabra correcta

1 Si la palabra subrayada está mal escrita, táchala y escríbela correctamente. El primer ejercicio es el modelo.

1. Mamá ~~save~~ *sabe* reparar bicicletas.

2. Me encanta el <u>arros</u> con ensalada.

3. El <u>aroyo</u> creció con la lluvia.

4. ¿Cómo estuvo el viaje a la <u>fávrica</u> de jugo de naranja?

5. Las <u>hormiguitas</u> se metieron a la bolsa de azúcar.

6. ¿Cuándo te hiciste esas <u>cicatrizes</u>?

7. ¿Tienes los boletos para ver la <u>pelicula</u>?

8. La <u>ardilla</u> tiene una cola muy tupida.

9. Mi hermano mayor tiene <u>quince</u> años.

10. ¿Compraste los <u>pasages</u> para viajar en avión?

11. Mañana <u>ay</u> un juego de béisbol en el vecindario.

12. Lo que <u>mas</u> me gusta de la escuela son los cuentos.

13. El próximo año <u>estaré</u> en cuarto grado.

2

Actividades de oraciones

Esta sección incluye actividades que se relacionan con la redacción de los elementos básicos de las oraciones, tipos de oraciones, problemas de las oraciones y cómo combinar oraciones. En las actividades de la sección *Paso siguiente* muchas veces se requiere de redacciones originales.

TEKS 3.22B

Nombre

_____

Núcleo del sujeto y del predicado; sujeto y predicado completo

Enlace con
Fuente de escritura
446, 562, 564

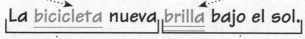

El **sujeto completo** de una oración indica a alguien o algo. El **núcleo del sujeto** es la palabra principal del sujeto completo.

El **predicado completo** (verbo) indica lo que el sujeto hace. El **núcleo del predicado** es la palabra principal del predicado completo.

núcleo del sujeto   núcleo del predicado

La <u>bicicleta</u> nueva <u>brilla</u> bajo el sol.

sujeto completo   predicado completo

1 Completa las oraciones con un núcleo del sujeto o un sujeto completo que tenga sentido. Subraya una vez el núcleo del sujeto.

1. _____ toma lecciones de piano.

2. _____ camina hasta la escuela.

3. _____ mueven la cola cuando están contentos.

4. _____ salieron corriendo por la pradera.

2 Completa las oraciones con un núcleo del predicado o un predicado completo que tenga sentido. Subraya dos veces el núcleo del predicado.

1. Ryan _____.

2. El maestro _____.

3. El sol _____.

4. Susie _____.

TEKS 3.22B

3 En las siguientes oraciones, subraya una vez el núcleo del sujeto y dos veces el núcleo del predicado.

1. Diana <u>juega</u> en el equipo.

2. El trueno asustó a Timmy.

3. Schuyler vive en la casa de al lado.

4. La pizza es mi comida favorita.

5. María ganó.

6. Peter lavó los platos.

7. El verano es la mejor época del año.

Paso siguiente Piensa en tres personas que conozcas. Dile a un compañero una oración sobre algo que cada persona es o hace. Cada oración debe incluir un sujeto completo y un predicado completo. Después escribe tus oraciones. Subraya una vez el núcleo del sujeto de cada oración y dos veces el núcleo del predicado.

1. _____

_____

2. _____

_____

3. _____

Nombre

El sujeto de una oración

Enlace con
Fuente de escritura

444, 562

- Toda oración tiene un sujeto y un predicado. El **sujeto completo** de una oración identifica a alguien o algo.

  Mi viejo amigo **encendió la vela.**

  (*Mi viejo amigo* es el sujeto completo).

- El **núcleo del sujeto** es la palabra principal del sujeto.

  Mi viejo amigo **encendió la vela.**

  (*Amigo* es el núcleo del sujeto).

- Un **sujeto compuesto** está formado por dos o más núcleos.

  Jack y Jill **encendieron la vela.**

  (*Jack* y *Jill* forman un sujeto compuesto).

1 Subraya cada sujeto completo. Encierra en un círculo cada núcleo del sujeto. El primer ejercicio es el modelo.

1. Unas pequeñas (semillas) cayeron a la tierra.

2. Un enorme tallo de frijol creció y creció.

3. El valiente Juanito trepó por el tallo de frijol.

4. Un castillo gigante surgió entre las nubes.

5. El espantoso gigante rugió: —¡Allá voy!

6. La esposa del gigante salvó a Juanito.

7. Un antiguo reloj protegió a Juanito del gigante.

8. El asustado Juanito se quedó muy quieto.

 3.22B

2 En las siguientes oraciones, subraya el sujeto completo. Escribe una *S* en el espacio si el núcleo del sujeto es simple y una *C* si el núcleo del sujeto es compuesto. El primer ejercicio es el modelo.

__C__ **1.** <u>El gigante y sus esposa</u> cenaron.

_____ **2.** El espantoso gigante llamó a su gansa mágica.

_____ **3.** La gansa mágica ponía huevos de oro.

_____ **4.** El gigante y la gansa dormían.

_____ **5.** Juanito se llevó la gansa.

_____ **6.** El valiente niño bajó por el tallo de frijol.

_____ **7.** El gigante sorprendido lo persiguió.

_____ **8.** La mamá de Juanito cortó el tallo de frijol.

_____ **9.** Juanito y su mamá vivieron felices para siempre.

Paso siguiente Dile a tu compañero tres oraciones sobre tu cuento de hadas favorito. Escribe el sujeto completo de cada oración que digas.

1. *sujeto completo:* _____

2. *sujeto completo:* _____

3. *sujeto completo:* _____

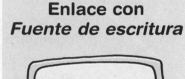

TEKS 3.22B

Nombre

Enlace con
Fuente de escritura

445, 564

El predicado de una oración

● Recuerda, toda oración tiene un sujeto y un predicado. El **predicado completo** de una oración dice lo que algo o alguien es o hace.

Maya <u>escribe relatos en su computadora</u>.

(*Escribe relatos en su computadora* es el predicado completo).

● El **núcleo del predicado** es la palabra principal del predicado.

Maya <u>escribe</u> relatos en su computadora.

(*Escribe* es el núcleo del predicado).

● El **predicado compuesto** está formado por dos o más núcleos.

Maya <u>escribe</u> relatos y <u>toca</u> música en su computadora.

(*Escribe* y *toca* forman el predicado compuesto).

1

Subraya dos veces el predicado completo. Encierra en un círculo el núcleo del predicado, o verbo. El primer ejercicio es el modelo.

1. Maya (imagina) buenos relatos.

2. Maya escribe acerca de un teclado mágico.

3. El teclado crea relatos de cien páginas cada noche.

4. Todos leen sus relatos.

5. Ella gana docenas de premios.

6. Ella se convierte en una gran escritora.

7. Maya quiere un teclado mágico como ese.

TEKS 3.22B

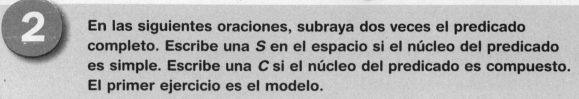

2 En las siguientes oraciones, subraya dos veces el predicado completo. Escribe una *S* en el espacio si el núcleo del predicado es simple. Escribe una *C* si el núcleo del predicado es compuesto. El primer ejercicio es el modelo.

____C____ **1.** Maya <u>canta y compone música.</u>

_____ **2.** Maya compone música en su computadora.

_____ **3.** Ella toca la melodía y canta la letra.

_____ **4.** Los amigos de Maya la acompañan.

_____ **5.** Ellos cantan canciones antiguas e inventan otras nuevas.

_____ **6.** El perro de Maya también canta.

_____ **7.** El perro ladra y aúlla.

_____ **8.** La mamá de Maya escucha las canciones.

_____ **9.** Ella sonríe y mueve la cabeza.

_____ **10.** Ella se une a la diversión.

_____ **11.** Todos pasan un buen momento.

Paso siguiente Dile a un compañero una oración sobre el mejor juego de computadora. Escribe el predicado completo de la oración. Repite el ejercicio con una oración sobre ti y tus amigos.

1. *predicado completo:* _____

2. *predicado completo:* _____

Nombre

Repasar el sujeto y el predicado

Enlace con
Fuente de escritura
444 a 447, 562, 564

 En estas oraciones, subraya una vez el sujeto completo y dos veces el predicado completo. El primer ejercicio es el modelo.

1. Betty Bodette conduce un descapotable rojo.

2. Papá conduce un camión.

3. El camión pertenece a una empresa de paisajismo.

4. Yo viajo con papá a veces.

5. Mi hermana mayor también nos acompaña.

6. Nosotros ayudamos a papá.

7. Él nos invita a almorzar al mediodía.

 Haz una marca de conteo en la casilla del sujeto si la oración tiene un sujeto compuesto. Haz una marca en la casilla del predicado si la oración tiene un predicado compuesto.

	Sujeto compuesto	Predicado compuesto
1. Betty y su hermana van al centro comercial.	✔	
2. Betty compra un helado y va al cine.		
3. Betty y su hermana ven una película divertida.		
4. Su hermano anda en patineta y juega videojuegos.		
5. Él y sus amigos andan por la tienda.		

  TEKS 3.22B

Escribe cuatro oraciones sobre las vacaciones que te gustaría pasar. Subraya una vez el sujeto completo de cada oración. Subraya dos veces el predicado completo de cada oración.

1. _____

_____

2. _____

_____

3. _____

_____

4. _____

_____

Comenta con un compañero lo que debes empacar para tus vacaciones soñadas. Después escribe dos sujetos completos y dos predicados completos que dijiste.

1. *sujeto completo:* _____

2. *predicado completo:* _____

3. *sujeto completo:* _____

4. *predicado completo:* _____

TEKS 3.22C, 3.23C

Nombre

Enlace con
Fuente de escritura

456

Oraciones sencillas y compuestas 1

● Una **oración sencilla** expresa un solo pensamiento principal.

Tú tienes dos ojos.

● Una **oración compuesta** son dos o más oraciones sencillas unidas por una palabra como *y, pero, o.* Antes de *pero* va una coma.

Todos tenemos dos ojos y ambos ven lo mismo.

1 Lee atentamente las siguientes oraciones. Escribe una *S* si la oración es sencilla y una *C* si la oración es compuesta. Los dos primeros ejercicios son modelos.

___S___ **1.** La maestra Filbert sabe de ciencias.

___C___ **2.** Ella habló sobre la vista y después hizo un experimento.

_____ **3.** La maestra le lanzó una pelota a Peter y él se la devolvió.

_____ **4.** Ella atrapó la pelota.

_____ **5.** Después ella se puso un parche en un ojo.

_____ **6.** Peter lanzó de nuevo la pelota.

_____ **7.** La maestra Filbert se estiró para atrapar la pelota, pero se le pasó.

_____ **8.** La maestra Filbert comprobó algo importante.

_____ **9.** Los dos ojos nos ayudan a ver en tres dimensiones y nos ayudan a atrapar una pelota.

TEKS 3.22C

2 Combina cada par de oraciones sencillas para formar una oración compuesta. El primer ejercicio es el modelo.

1. Algunos ojos son azules. Otros ojos son marrones.

 Algunos ojos son azules y otros ojos son marrones.

2. Un caballo tiene dos ojos. Están a ambos lados de su cabeza.

_____

_____

3. Un ser humano tiene ojos sencillos. Una libélula tiene ojos compuestos.

_____

_____

4. Los peces ven debajo del agua. Muchos de ellos ven en colores.

_____

Paso siguiente Escribe una oración sencilla y una oración compuesta acerca de tus ojos.

Oración sencilla:

_____

_____

Oración compuesta:

_____

★ TEKS 3.22C

Nombre

_____

Oraciones sencillas y compuestas 2

Enlace con
Fuente de escritura

456

● Una **oración sencilla** tiene una sola idea principal. (Pero puede tener dos sujetos o dos verbos).

Jerry escribió un **poema.**

(Esta oración sencilla tiene un solo sujeto y un solo verbo).

Jerry y Talia escribieron un **poema.**

(Esta oración sencilla tiene dos sujetos y un solo verbo).

Jerry escribió un **poema** e hizo un **dibujo.**

(Esta oración sencilla tiene un solo sujeto y dos verbos).

● Una **oración compuesta** son dos o más oraciones sencillas unidas por una palabra como *y, pero, o.*

Jerry y Talia escribieron un **poema** y yo lo leí.

(Esta oración compuesta expresa dos ideas).

1 Lee atentamente cada oración. Escribe una *S* si la oración es simple y una *C* si la oración es compuesta. (*Pista:* Una oración compuesta debe tener una palabra que une, como *y, o, pero* o *así que*).

_____ **1.** Marisa y Tom leyeron el mismo libro.

_____ **2.** Charlie hizo un dibujo y me lo regaló.

_____ **3.** Yo limpié la jaula del hámster y Anthony regó las plantas.

_____ **4.** La maestra y los padres hicieron una reunión.

_____ **5.** Brittany olvidó su suéter, así que le presté el mío.

_____ **6.** Comenzó a llover y nosotros cerramos las ventanas.

 2

Escribe los siguientes tipos de oraciones sobre situaciones que hayan ocurrido en tu salón de clases.

1. Escribe una oración sencilla con un solo sujeto y un solo predicado (verbo).

_____

_____

2. Escribe una oración sencilla con dos sujetos y un solo verbo. (Tu oración será acerca de dos personas que hicieron una sola cosa).

_____

_____

3. Escribe una oración compuesta. (Tu oración tendrá dos oraciones sencillas unidas por una palabra que une).

_____

_____

4. Escribe otra oración compuesta sobre tu clase.

_____

_____

Paso siguiente **Intercambia hojas con un compañero. Lean las oraciones y revísenlas. Asegúrense de que siguieron las instrucciones correctamente.**

★ TEKS 3.22C

Nombre

_____

Las oraciones sencillas y la concordancia del sujeto y el verbo

Enlace con
Fuente de escritura

434, 452

Una **oración sencilla** tiene un solo sujeto y un solo verbo. El **sujeto** y el **verbo** deben concordar en número.

Un sujeto **singular** debe tener un verbo singular.

Yo soy un buen jugador.

sujeto   verbo

Un sujeto **plural** debe tener un verbo plural.

Mis amigos son unos buenos jugadores.

sujeto   verbo

---

1 **Completa la oración con la palabra correcta** *(vivo, viven, vive).*

1. Yo _____ en Houston ahora.

2. Mis primos _____ en Houston cerca de mi casa.

3. Mi abuelo _____ en San Antonio.

4. Mis antiguos amigos aún _____ en San Antonio.

2 **Completa cada oración con la palabra correcta** *(juego, juega juegan, jugamos).*

1. Yo _____ al ajedrez.

2. Mis hermanos _____ al béisbol por las tardes.

3. Ella _____ al tenis en la escuela.

4. Nosotros _____ al fútbol en el estadio.

TEKS 3.22A(i), 3.22C

3 Vuelve a escribir cada oración para que el sujeto y el verbo concuerden en número.

1. La enchilada son mi comida favorita todo el tiempo.

_____

_____

2. La pasta y la lasaña tiene el mejor sabor de todas las comidas italianas.

_____

_____

3. En una fiesta, todos prefiere el pastel y el helado.

_____

_____

4. El pastelero preparan deliciosos pasteles de chocolate.

_____

_____

5. Las frutas y las verduras es probablemente los alimentos más saludables.

_____

_____

Paso siguiente   Cuéntale a un compañero sobre tu restaurante favorito. Usa oraciones sencillas en las que el sujeto y el verbo concuerden correctamente. Pide a un compañero que identifique los sujetos y los verbos.

★ TEKS 3.22A(i), 3.22C, 3.23C

Nombre

_____

Las oraciones compuestas y la concordancia del sujeto y el verbo

Enlace con
Fuente de escritura
452, 456

Una **oración compuesta** son dos oraciones sencillas unidas por una **conjunción** (*y, pero, o*). Antes de *pero* se escribe una coma.

El **sujeto** y el **verbo** de cada oración deben concordar entre sí. Un sujeto **singular** debe tener un verbo singular. Un sujeto **plural** debe concordar con un verbo plural.

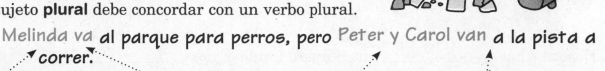

Melinda va al parque para perros, pero Peter y Carol van a la pista a correr.

sujeto   verbo   sujeto   verbo

1 **Completa cada oración con la palabra correcta *(voy, van)*.**

1. Todos los veranos Brian y su familia _____ a acampar a un lago y yo

_____ a acampar al bosque.

2. Yo _____ a pescar al lago, pero Brian y su papá se _____ de

excursión al bosque.

2 **Completa cada oración con la palabra correcta *(tiene, tienen)*.**

1. Phil _____ dos perros y mis tíos _____ cuatro gatos.

2. Mis perros _____ collares de varios colores y los gatos de Ben

_____ collares sencillos.

3. Sacha _____ una serpiente, pero las serpientes no _____

collares.

3   **Elige la palabra correcta para completar la oración.**

Yo _____ un hermano sensacional y ese _____ mi
   (tengo, tienen)   (es, son)

hermano mellizo. Tener un hermano _____ genial, pero que tu mejor
                                                (es, son)

amigo sea también tu hermano _____ fantástico.
                                        (es, son)

Nosotros nos _____ mucho, pero también nos _____ en
    (parezco, parecemos)   (diferenciamos, diferencian)

algunas cosas. Yo _____ los ojos azules, pero Max los _____
            (tenemos, tengo)   (tienen, tiene)

de color café. Yo _____ un poco alto para mi edad y Max _____
           (somos, soy)   (son, es)

aun más alto que yo. Yo _____ zapatos como mi papá, ¡pero Max y
                            (usamos, uso)

mi otro hermano _____ zapatillas todo el tiempo!
             (usa, usan)

4   **Dile a un compañero tres oraciones compuestas sobre un juego que practiques con un amigo. Asegúrate de que el sujeto y el verbo concuerden. Pide a tu compañero que identifique los sujetos y los verbos que usaste.**

★ TEKS 3.22B

Nombre _____

Fragmentos de oración 1

Una oración completa tiene un sujeto y un predicado. Si una o ambas partes faltan, entonces es un **fragmento de oración**.

Enlace con
Fuente de escritura

449

- En este fragmento de oración falta el verbo.

  Fragmento: Jeb del trampolín.

  Oración corregida: Jeb saltó del trampolín.
  (Se agregó un verbo).

- En este fragmento de oración faltan el sujeto y el verbo.

  Fragmento: En la piscina.

  Oración corregida: Jenna y Jane nadan en la piscina.
  (Se agregó un sujeto y un verbo).

1 Escribe *O* delante de cada oración completa y escribe *F* delante de cada fragmento de oración. El primer ejercicio es el modelo.

___F___ **1.** Un nadador excelente.

_____ **2.** Herman es un excelente nadador.

_____ **3.** Pecho y espalda.

_____ **4.** Él me enseña a nadar.

_____ **5.** Yo me voy.

_____ **6.** Por el clima.

  3.22B

2   Corrige estos fragmentos de oración.

1. En el océano.

Marta Rosas nada en el océano.

2. Un equipo de buceo.

_____

_____

4. Peces de colores por todas partes.

_____

_____

5. A causa de los tiburones.

_____

_____

6. El barco.

_____

_____

Paso siguiente   Usa una de las oraciones que escribiste para contar un cuento a un compañero. Usa sujetos y predicados completos mientras hablas.

TEKS 3.22B

Nombre _____

Fragmentos de oración 2

Recuerda, una oración completa tiene un sujeto y un predicado completos. El sujeto completo indica de quién o de qué habla la oración. El predicado dice algo sobre el sujeto. Si uno o ambos faltan, hay un **fragmento de oración**.

Enlace con
Fuente de escritura

449

1 **Lee este párrafo. (De ser posible, léelo en voz alta con un compañero). Luego subraya cada fragmento de oración.**

Dos cachorros huérfanos, por Erika Kors. Un relato verdadero sobre dos cachorros de oso. Un día su madre los dejó para siemprc. Gary Alt encontró los cachorros en la guarida. Solos y muy habrientos. Los pequeños osos en un saco. A la guarida de Molly. Molly era una osa y tenía dos cachorros.

Un gran relato. Me gustó. Porque un final feliz.

2 **Vuelve a escribir el texto usando oraciones completas.**

_____

_____

_____

_____

_____

_____

_____

TEKS 3.22B

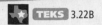

Nombre

Fragmentos de oración 3

Cuando usas la palabra *porque* en una oración, asegúrate de no continuar con un fragmento de oración. Para formar una oración, la palabra *porque* debe combinar dos ideas completas. Después de incluir la palabra *porque* en tu oración, revisa que tengas dos sujetos completos y dos predicados completos.

Enlace con
Fuente de escritura

449

META

Fragmento: Porque tiene un final inesperado.

Oración corregida: La película es buena porque tiene un final inesperado.

1 Corrige estos fragmentos de oración para que sean oraciones completas.

1. _____ porque perdí mi almuerzo.

2. _____ porque está enferma.

3. _____ porque hoy es mi cumpleaños.

4. Mi amigo se atrasó porque _____ .

5. Yo no puedo ir porque _____ .

6. Él está feliz porque _____ .

Paso siguiente Escribe una oración completa usando la palabra *porque*.

_____

_____

Las oraciones seguidas 1

Las **oraciones seguidas** se producen cuando se juntan dos o más oraciones.

Oraciones seguidas:
La cortacésped del Sr. Cruz no funciona él no puede repararla.

Oraciones corregidas:
La cortacésped del Sr. Cruz no funciona.
Él no puede repararla.

(dos oraciones)

La cortacésped del Sr. Wiggle no funciona y él no puede repararla.

(oración compuesta)

1 Convierte estas oraciones seguidas en dos oraciones.

1. Él tiró la cuerda el motor no funcionó.

Él tiró la cuerda. El motor no funcionó.

2. El césped crecía rápido los dientes de león empezaban a salir.

_____

_____

3. El Sr. Cruz nos pidió nuestra cortacésped todavía no la devuelve.

_____

_____

4. Espero que la devuelva pronto el césped está muy largo.

_____

_____

2 Corrige estas oraciones seguidas escribiéndolas como oraciones compuestas. (Consulta la página 456 del libro *Fuente de escritura*). El primer ejercicio es el modelo.

1. El Sr. Martínez tostó el pan el pan se quemó.

El Sr. Martínez tostó el pan, pero el pan se quemó.

2. El humo activó la alarma de incendios los bomberos vinieron.

_____

3. El Sr. Martínez se sorprendió al ver a los bomberos les dijo lo que sucedió.

_____

_____

4. El Sr. Martínez botó el tostador la Sra. Martínez lo sacó de la basura.

_____

_____

5. El Sr. Martínez compró un tostador nuevo su esposa reparó el viejo.

_____

_____

6. Ahora los Martínez tienen dos tostadores nosotros pensamos pedirles uno.

_____

_____

Paso siguiente Trabaja con un compañero y revisen sus oraciones compuestas. Asegúrate de que tu compañero haya puesto una palabra que una en todas sus oraciones.

Las oraciones seguidas 2

Las oraciones seguidas se producen cuando se juntan dos o más oraciones.

Oraciones seguidas:

Leímos sobre los vikingos ellos eran inteligentes.

Oraciones corregidas:

Leímos sobre los vikingos. Ellos eran inteligentes.

Enlace con
Fuente de escritura

450

 1 Convierte estas oraciones seguidas en dos oraciones.

1. Los vikingos llegaron a América del Norte antes que Colón ellos fueron los primeros europeos en llegar aquí.

_____

_____

2. Los vikingos también eran conocidos como nórdicos el norte de Europa era su hogar.

_____

_____

3. Los vikingos eran buenos marinos ellos también eran guerreros.

_____

_____

4. Una vez los vikingos viajaron hasta Inglaterra sus barcos navegaron río arriba hasta Londres.

_____

2 Corrige cada oración seguida escribiéndola como una oración compuesta. Consulta la página 456 del libro *Fuente de escritura*.

1. Eric el Rojo llevó a los vikingos a Groenlandia después su hijo Leif llevó a los vikingos a Canadá.

_____

_____

2. Nadie sabe por qué navegaron hasta Canadá ahí no había ciudades que atacar.

_____

_____

3. Algunos expertos creen que estaban pescando una tormenta desvió sus barcos.

_____

_____

Paso siguiente Escribe dos oraciones seguidas sobre un tema que estés estudiando. Tus oraciones pueden ser serias o graciosas. Intercambia hojas con un compañero y corrijan las oraciones seguidas de cada uno.

1. _____

_____

2. _____

_____

Nombre _____

Combinar oraciones usando palabras clave

Enlace con
Fuente de escritura

454

Una manera de combinar oraciones es mover una o más **palabras clave** de una oración a otra.

Oraciones cortas: Lizzie juega al basquetbol.
Lizzie está en el equipo de quinto grado.

Oraciones combinadas: Lizzie juega en el equipo de basquetbol de (quinto grado.)

(Las palabras clave están encerradas en un círculo).

1 Encierra en un círculo la o las palabras clave que se usaron para formar una oración combinada. El primer ejercicio es el modelo.

1. **Oraciones cortas:** Su equipo tiene uniformes nuevos.
Son azules y blancos.
Oraciones combinadas: Su equipo tiene uniformes (azules y blancos) nuevos.

2. **Oraciones cortas:** La Sra. Vives es la entrenadora.
Es entrenadora de basquetbol.
Oraciones combinadas: La Sra. Vives es la entrenadora de basquetbol.

3. **Oraciones cortas:** El equipo va a los partidos fuera de casa en una camioneta.
La camioneta es nueva.
Oraciones combinadas: El equipo va a los partidos fuera de casa en una camioneta nueva.

4. **Oraciones cortas:** Laura anima al equipo de Lizzie.
Ella lo anima con gritos.
Oraciones combinadas: Laura anima con gritos al equipo de Lizzie.

2 Combina estos pares de oraciones moviendo la o las palabras clave de una oración a la otra.

1. A Jesse le encanta patinar. Él patina todos los días.

_____

_____

2. A veces, Jesse usa los patines de su hermano. Los patines son verdes.

_____

_____

3. A Jesse le gusta patinar con sus amigos. Tiene cinco amigos.

_____

_____

4. Sus amigos van a patinar con él. Van a patinar mañana.

_____

_____

5. Todos practicarán para una carrera. La carrera será larga.

_____

_____

Paso siguiente Escribe dos oraciones cortas sobre una de tus actividades favoritas. Combina tus ideas en una oración más larga. (Trabaja en una hoja aparte).

★ TEKS 3.23C

Combinar oraciones con una serie de palabras o frases 1

Enlace con
Fuente de escritura

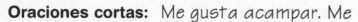

Puedes combinar oraciones enumerando palabras o frases en una serie. Esto se puede hacer si los sujetos y los verbos son los mismos en las oraciones que quieres combinar. Incluye una coma entre las palabras o frases de la serie.

Oraciones cortas: Me gusta acampar. Me gusta salir de excursión. Me gusta nadar.

Oración combinada: Me gusta acampar, salir de excursión y nadar.

1 Completa las oraciones cortas. Luego combina cada grupo de oraciones para formar una oración más larga.

1. Me gusta jugar _____ .

Me gusta jugar _____ .

Me gusta jugar _____ .

Oración combinada: _____

_____

2. Me gusta leer _____ .

Me gusta leer _____ .

Me gusta leer _____ .

Oración combinada: _____

2 Haz un dibujo de un animal inventado en este espacio en blanco. Luego usa palabras en una serie para escribir las oraciones sobre tu animal imaginario.

1. Escribe una oración que diga tres cosas que le gusta comer a tu animal.

_____

_____

2. Escribe una oración que diga tres lugares que le gustan a tu animal para

esconderse.

_____

_____

3. Escribe una oración que diga tres cosas que tu animal puede hacer.

_____

_____

TEKS 3.23C

Combinar oraciones con una serie de palabras o frases 2

Enlace con
Fuente de escritura

440, 454

Puedes combinar oraciones cortas para decir diferentes cosas sobre el mismo sujeto. Recuerda usar coma entre las palabras o frases de una serie.

Oraciones cortas: George Washington Carver era curioso. Él era inteligente. Él era trabajador.

Oración combinada: George Washington Carver era curioso, inteligente y trabajador.

 1 Combina estas oraciones usando una serie de palabras o frases.

1. Cuando era niño, George Washington Carver trabajó como cocinero. Él trabajó como lavandero. Él trabajó como conserje.

_____

_____

2. En el laboratorio, Carver descubrió nuevas maneras de usar el cacahuate. Él descubrió nuevas maneras de usar las nueces. Él descubrió nuevas maneras de usar el camote.

_____

_____

3. Carver hizo tinta del camote. Él hizo polvos de talco del camote. Él hizo goma sintética del camote.

_____

_____

2 Combina estas oraciones usando una palabra clave de una oración o usando las palabras o frases en una serie.

1. Thomas Edison inventó la bombilla. Él inventó el tocadiscos. Él inventó la cámara filmadora.

_____

_____

2. Edison hacía preguntas que comenzaban con "por qué". Él hacía preguntas que comenzaban con "cómo".

_____

_____

3. Los inventos de Edison eran fáciles de usar. Ellos eran fáciles de mantener ordenados. Ellos eran fáciles de reparar.

_____

_____

4. Él trabajaba muchas horas y solo tomaba siestas. Las siestas eran cortas.

_____

Paso siguiente Thomas Edison mejoró muchos inventos modernos, como baterías, máquinas de escribir, micrófonos, teléfonos y radios. Escribe una oración con tres de las cosas que él ayudó a mejorar.

_____

_____

Combinar oraciones con sujetos y predicados compuestos 1

Enlace con
Fuente de escritura

447,
455

Oraciones cortas: LaJoy fue al circo.
Kelly fue al circo.

Oración combinada: LaJoy y Kelly fueron al circo.

(*LaJoy* y *Kelly* forman un sujeto compuesto).

* * * * * * * * *

Oraciones cortas: LaJoy fue al circo.

Ella vio a los payasos.

Oración combinada: LaJoy fue al circo y vio a los payasos.

(*Fue* y *vio* forman un predicado compuesto).

1 Subraya el sujeto compuesto o el predicado compuesto de cada oración combinada.

1. **Oraciones cortas:** A Tim le gustan los artistas del trapecio.
A Henry le gustan los artistas del trapecio.
Oración combinada: A Tim y a Henry les gustan los artistas del trapecio.

2. **Oraciones cortas:** Los artistas montan bicicletas en la cuerda floja.
Ellos caminan sobre sus manos.
Oración combinada: Los artistas montan bicicletas en la cuerda floja y caminan sobre sus manos.

3. **Oraciones cortas:** Los acróbatas cuelgan de sus dientes.
Ellos giran sobre su eje.
Oración combinada: Los acróbatas cuelgan de sus dientes y giran sobre su eje.

2 Combina cada par de oraciones usando un sujeto o un predicado compuesto.

1. Kelly comió palomitas de maíz. Ella saboreó los cacahuates.

_____

_____

2. Héctor quiso algodón de azúcar. Su hermano también quiso algodón de azúcar.

_____

_____

3. LaJoy compró globos. Tim también compró globos.

_____

_____

4. Kelly compró una peluca de payaso. Ella se la puso en la cabeza.

_____

_____

Paso siguiente Escribe dos oraciones sobre un circo. En una oración usa un sujeto compuesto. En la otra oración usa un predicado compuesto.

Sujeto compuesto: _____

_____

Predicado compuesto: _____

_____

Nombre _____

Combinar oraciones con sujetos y predicados compuestos 2

Enlace con
Fuente de escritura
447, 455

Aquí tienes más ejercicios para practicar el uso de sujetos y predicados compuestos para combinar oraciones.

 1 Combina cada grupo de oraciones usando un sujeto o un predicado compuesto. El primer ejercicio es el modelo.

1. Una gallina vivía en una granja. Un gato también vivía en una granja. Un cerdo también vivía en una granja.

Una gallina, un gato y un cerdo vivían en una granja.

2. La gallina juntaba un poco de trigo. La gallina molía un poco de trigo.

_____

3. El gato no quiso ayudarla. El cerdo tampoco quiso ayudarla.

_____

4. La gallina horneó dos piezas de pan. La gallina se comió las dos piezas de pan.

_____

5. El gato le pidió pan. El cerdo también le pidió pan.

_____

2 Escribe dos oraciones sobre los animales de la página 109. Usa sujetos compuestos en ambas oraciones. Luego escribe dos oraciones más sobre los animales. Usa predicados compuestos.

Oraciones con sujetos compuestos:

1. _____

_____

2. _____

_____

Oraciones con predicados compuestos:

1. _____

_____

2. _____

_____

Paso siguiente   **Haz un dibujo sobre una de tus oraciones.**

Nombre _____

Repasar cómo combinar oraciones

Enlace con
Fuente de escritura
454 a 456

 Combina cada grupo de oraciones con una palabra clave o una serie de palabras o frases.

1. Muchos estudiantes van en vehículo a la escuela. Muchos estudiantes van en autobús.

_____

2. Los estudiantes ríen en el autobús. Los estudiantes cantan en el autobús. Los estudiantes conversan en el autobús.

_____

3. Los estudiantes llevan sus libros. Los estudiantes llevan su almuerzo. Los estudiantes llevan sus lápices.

_____

4. Los estudiantes se bajan del autobús. Los estudiantes entran a la escuela. Los estudiantes se sientan en sus sillas.

_____

_____

5. Los asientos del autobús están cubiertos con un plástico. El plástico es verde.

_____

6. Muchos autobuses escolares están pintados. Muchos autobuses escolares son de color anaranjado.

_____

_____

2 Combina los grupos de oraciones usando sujetos y predicados compuestos.

1. Algunos árboles viven miles de años. Algunos árboles crecen durante miles de años.

_____

_____

2. Las secuoyas son árboles muy altos. Los cipreses son árboles muy altos.

_____

3. Estos árboles hacen sombra en la tierra. Estos árboles protegen la tierra.

_____

4. El hombre fotografió los cipreses. El hombre escaló los cipreses.

_____

_____

5. Los adultos se sorprenden por el tamaño de una secuoya. Los niños se sorprenden por el tamaño de una secuoya.

_____

_____

6. Tú te verías pequeñito junto a una secuoya. Yo me vería pequeñito junto a una secuoya.

_____

_____

Nombre

_____

Enlace con
Fuente de escritura
454 a 456

Repasar cómo combinar oraciones 2

 Combina cada grupo de oraciones para formar una oración más larga. Puedes hacer esto trasladando las palabras subrayadas a la primera oración. (A veces tendrás que agregar la palabra *y*).

1. Tú habrás visto que los osos tienen una cola. Su cola es <u>corta</u>.

_____

2. Según la leyenda, los osos tenían una cola larga. Ellos tenían una cola peluda. Ellos tenían una cola <u>hermosa</u>.

_____

_____

3. Un día un oso vio a un zorro. El zorro era <u>inteligente</u>.

_____

4. El zorro estaba comiendo cangrejos. Él se estaba <u>lamiendo los labios</u>.

_____

5. El oso le preguntó al zorro cómo cazar un cangrejo. El oso estaba <u>hambriento</u>.

_____

_____

6. El zorro le dijo al oso que hiciera un agujero en el hielo. Él le dijo al oso que <u>pusiera su cola en el agujero</u>.

_____

Continúa combinando las dos oraciones para formar una oración más larga. Puedes hacerlo trasladando las palabras subrayadas a la primera oración. (A veces tendrás que corregir la concordancia del sujeto y el verbo, y además agregar la palabra *y*).

1. El zorro le dijo al oso que se sentara a esperar. Él le dijo al oso que esperara hasta que un cangrejo agarrara su cola.

_____

_____

2. El oso bajó hasta el río congelado. El zorro también fue.

_____

3. El oso siguió las instrucciones del zorro. El oso era confiado.

_____

4. El hielo congeló todo alrededor de la cola del oso. Todo se congeló rápidamente.

_____

5. El oso tuvo que abandonar su cola en el hielo. El hielo estaba grueso.

_____

6. Por eso los osos tienen la cola corta. Su cola es mocha. Su cola es tosca.

_____

_____

Paso siguiente **En una hoja aparte, escribe tres oraciones cortas que digan lo que piensas del zorro de este relato. Luego fíjate si puedes combinar dos o más de tus oraciones para formar una oración más larga.**

Actividades de lenguaje

3

Las actividades de esta sección se relacionan con los ocho elementos gramaticales. Todas las actividades tienen un enlace con el Libro del estudiante de *Fuente de escritura para Texas*.

TEKS 3.22A(ii)

Nombre _____

Los sustantivos

Los **sustantivos** nombran a una persona, un lugar, una cosa o una idea. La siguiente lista presenta sustantivos singulares que pertenecen a cada uno de los cuatro grupos. Un sustantivo singular identifica a una sola persona, lugar, cosa o idea.

Enlace con
Fuente de escritura

421, 566

Persona	Lugar	Cosa	Idea
novia	calle	bicicleta	alegría
niño	piscina	maceta	verdad
amigo	escuela	caballo	esperanza
entrenador	parque	ballena	tristeza

 1 Completa estas oraciones con los sustantivos de la lista. (Tus oraciones pueden ser tan graciosas como quieras). El primer ejercicio es el modelo.

1. La _____novia_____ brincó sobre la _____maceta_____.

2. Mi _____ dice la _____.

3. El _____ está en la _____.

4. Un _____ tiene muchas _____.

5. El _____ le cantó a la _____.

6. Mira al _____ montando una _____.

7. John le dijo a su _____ que fuera al _____.

8. Myriam vio una _____ en la _____.

9. La _____ está llena de _____.

TEKS 3.22A(ii)

2 Subraya los dos sustantivos de cada oración. El primer ejercicio es el modelo.

1. El <u>payaso</u> canta en la <u>bañera</u>.

2. El gorila anda en patineta.

3. El chef preparó un zopilote.

4. Ese niño vive en Laredo.

5. El vaquero enlazó un zorrillo.

6. Sarah cantó con alegría.

7. Este sendero lleva a la caverna.

8. Mary soñó con vacas voladoras.

9. El corredor tiene mucha esperanza.

Paso siguiente Haz un dibujo sobre una de las oraciones con que trabajaste en esta actividad. Conversa sobre tu dibujo con un compañero usando al menos tres sustantivos singulares.

TEKS 3.22A(ii)

Nombre

_____

Sustantivos comunes y sustantivos propios

Enlace con
Fuente de escritura

421, 566

- Los **sustantivos comunes** nombran a cualquier persona, lugar, cosa o idea.

  hombre   país   libro

- Los **sustantivos propios** nombran a una persona, lugar, cosa o idea específica.

  Sr. Taylor   México   Fuente de escritura

1 Empareja cada grupo de sustantivos propios con un sustantivo común. El primer ejercicio es el modelo.

Sustantivos comunes

__h__ **1.** estados

_____ **2.** canciones

_____ **3.** países

_____ **4.** montañas

_____ **5.** lagos

_____ **6.** niños

_____ **7.** planetas

_____ **8.** continentes

_____ **9.** ríos

_____ **10.** libros

a. Canadá, México, Estados Unidos

b. Venus, Marte, Tierra

c. lago Michigan, Gran Lago Salado, lago Okeechobee

d. Steve, John, Jim

e. montañas Rocosas, montañas Blue Ridge, montañas Sierra

f. "La bandera llena de estrellas", "América la bella", "Esta tierra es tuya"

g. río Missouri, río Snake, río Yukon

h. Hawaii, Alaska, California

i. América, Asia, Oceanía

j. *La clase de dibujo, Strega Nona, Donde viven los monstruos*

TEKS 3.22A(ii)

2 Frente a cada sustantivo común escribe un sustantivo propio que corresponda. Tus sustantivos propios pueden identificar a personas, lugares y cosas verdaderas o pueden ser nombres inventados.

Sustantivos comunes	Sustantivos propios
1. doctor	_____
2. gato	_____
3. parque	_____
4. libro	_____
5. tienda	_____
6. niña	_____
7. equipo	_____
8. ciudad	_____
9. río	_____
10. película	_____
11. niño	_____
12. maestro	_____

Paso siguiente En una hoja aparte, escribe un párrafo con algunos de los sustantivos del ejercicio anterior. Cuando termines, rotula los sustantivos comunes con una *C* y los sustantivos propios con una *P*. Después elige más sustantivos comunes y propios. Úsalos para decirle a un compañero algunas oraciones sobre un tema que tú elijas.

Nombre

_____

Los sustantivos singulares y plurales

● Los **sustantivos singulares** nombran una persona, lugar, cosa o idea.

   granjero   parque   carro   libertad

Escribe dos sustantivos singulares más aquí.

_____

● Los **sustantivos plurales** nombran más de una persona, lugar, cosa o idea.

   granjeros   parques   carros   libertades

Escribe dos sustantivos plurales más aquí.

_____

Enlace con
Fuente de escritura

422, 568

 1

En estas oraciones, subraya cada sustantivo. Rotula cada sustantivo singular con una *S* y cada sustantivo plural con una *P*. El primer ejercicio es el modelo.

          P   S
1. Mis hijos trabajan en el teatro.

2. Elizabeth actúa en obras de teatro.

3. Su hermano pinta los decorados.

4. El teatro está en la calle Hill.

5. Acaban de estrenarse dos espectáculos nuevos.

6. Simón consiguió boletos gratis.

7. El público se rió con las bromas.

2 Escribe cinco sustantivos singulares en la primera columna. Luego escribe el plural de cada sustantivo en la segunda columna.

singular   plural

1. _____   _____

2. _____   _____

3. _____   _____

4. _____   _____

5. _____   _____

Escribe una oración interesante con un sustantivo singular de tu lista. Después dile a un compañero una oración interesante con otro sustantivo singular de tu lista.

_____

_____

Escribe una oración interesante con un sustantivo plural de tu lista. Después dile a un compañero una oración interesante con otro sustantivo plural de tu lista.

_____

_____

★ **TEKS** 3.22A(ii)

Nombre _____

Los sustantivos masculinos y femeninos 1

- Los **sustantivos masculinos** nombran personas, animales o cosas de género masculino.

  cocinero   lobo   anillo

- Los **sustantivos femeninos** nombran personas, animales o cosas de género femenino.

  madrina   rana   pala

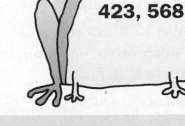

423, 568

1 Encierra en un círculo el sustantivo masculino y subraya el sustantivo femenino. El primer ejercicio es el modelo.

1. Las <u>ranas</u> se alimentan de (insectos.)

2. Sus huevos flotan en la laguna.

3. Los renacuajos rompen la cáscara al nacer.

4. La cría cambia su color cuando crece.

5. Este animalito se equilibra en una hoja.

6. Un dueño tiene que cuidar a su mascota.

7. Ese patio es una pequeña selva.

2 Completa la oración escribiendo los sustantivos del paréntesis en el espacio correcto.

1. La _____ grande está a un lado del _____. *(roca, cerro)*

   (femenino)   *(masculino)*

2. El _____ hacia la _____ está cerrado. *(montaña, camino)*

   (masculino)   *(femenino)*

Enlace con
Fuente de escritura

423, 568

Nombre _____

Los sustantivos masculinos y femeninos 2

● Un sustantivo masculino debe concordar con un adjetivo masculino.

 caballo blanco

● Un sustantivo femenino debe concordar con un adjetivo femenino.

 rana colorada

1 Encierra en un círculo el adjetivo que concuerda con el sustantivo subrayado en cada oración.

1. Escucha los gritos de los (*pequeños, pequeñas*) polluelos.

2. También se escucha el aullido de un lobo (*hambriento, hambrienta*).

3. La (*extraña, extraño*) lechuza acecha a sus presas en la noche.

4. Algunos (ruidosos, ruidosas) grillos cantan en la granja.

2 Clasifica los siguientes sustantivos en masculinos o femeninos: *lago, carro, amiga, zapato, caja, rama, barco, cabeza.*

Sustantivo masculino	Sustantivo femenino

★ **TEKS** 3.22A(vii)

Nombre _____

Los pronombres personales 1

Un **pronombre** es una palabra que toma el lugar de un sustantivo.

Sam escribió una carta y la envió por correo.

(El pronombre *la* reemplaza al sustantivo *carta*.)

Sam abrió el correo. Él encontró una carta de Andy.

(El pronombre *Él* reemplaza al sustantivo *Sam*.)

Enlace con
Fuente de escritura

425, 570

CORREO
DE LOS EE. UU.

Pronombres personales comunes

Pronombres singulares	**Pronombres plurales**
yo, tú, usted, él, ella, me, te, se, le, lo, la, mi, mío, mía, tu, tuyo, tuya, su, suyo, suya	nosotros, nosotras, ustedes, ellos, ellas, nos, les, los, las, mis, míos, mías, tus, tuyos, tuyas, sus, suyos, suyas, nuestros, nuestras, nuestro, nuestra

 1 Cambia el sustantivo tachado por un pronombre personal. El primer ejercicio es el modelo.

ellas
1. Tracy y Gaby preparan un periódico y ~~Tracy y Gaby~~ escriben todos los relatos.

2. La mamá de Gaby tiene una computadora. Ellas necesitan ~~la computadora~~.

3. Tracy y Gaby entrevistaron al maestro y ~~el maestro~~ habló con ~~Tracy y Gaby~~.

4. El maestro estudia piano. ~~El maestro~~ estudia ~~piano~~ desde hace poco.

5. A las niñas les gustó la idea de que ~~el~~ maestro ~~de las niñas~~ estuviera aprendiendo cosas nuevas.

6. Gaby dijo: —A ~~Tracy y a Gaby~~ nos gusta mucho este maestro.

 **TEKS** 3.22A(vii)

2 En cada oración, encierra en un círculo el pronombre personal correcto del paréntesis. El primer ejercicio es el modelo.

1. Gaby habló con Jerome sobre (su, sus) maestro.

2. El (mío, mía) es un maestro muy divertido.

3. En (nuestra, nuestras) clase leía muchos cuentos.

4. (Mis, Mi) cuentos favoritos eran El patito feo y La bella durmiente.

5. Jerome dijo que (su, sus) maestros eran futbolistas.

6. (Mis, Mi) maestro de segundo grado era arquero.

Paso siguiente Escribe cuatro oraciones sobre una clase o un maestro divertido. Subraya los pronombres personales en tus oraciones.

_____

_____

_____

_____

_____

_____

_____

_____

★ TEKS 3.22A(vii)

Nombre _____

Enlace con
Fuente de escritura

570

Los pronombres personales 2

Un **pronombre** es una palabra que reemplaza a un sustantivo.

1 En cada oración, escribe el nombre de la persona que representa el pronombre subrayado. Escribe <u>Lori</u> o <u>Pam</u>.

Un día, Lori estaba jugando al fútbol en el patio.

1. Después de unos minutos, <u>ella</u> escuchó que Pam <u>la</u> llamaba.

_____   _____

2. Pam <u>la</u> llamaba desde su jardín, pero Lori no <u>la</u> escuchaba.

_____   _____

3. Lori gritó: —<u>Te</u> invito a jugar al fútbol. <u>Mi</u> pelota es nueva.

_____   _____

4. Pam respondió: —Les pregunto a <u>mis</u> padres. <u>Yo</u> creo que podré ir.

_____   _____

2 Completa esta parte del relato con pronombres personales.

Lori y Pam lo pasaron muy bien. Cuando _____ terminaron de

jugar al fútbol, entraron en casa de Lori. La mamá de Lori _____ dio

un bocadillo. Pam dijo: —_____ sándwich está riquísimo. _____

encanta venir a su casa.

3 Encierra en un círculo los pronombres que encuentres en este párrafo. (Hay diecinueve pronombres en total).

Vivir con (mi) hermano menor puede ser muy difícil. En primer lugar, él siempre me copia. Si me tomo un vaso de leche, él también lo quiere. En segundo lugar, él siempre quiere jugar con mis amigos. Si nosotros jugamos baloncesto, él también quiere jugar. Pero él es muy pequeño. En tercer lugar, él quiere estar en pie hasta que yo me acuesto. Siempre le dice a mamá: "Pero Tim se duerme tarde". Mamá dice que yo soy su héroe y que debo estar orgulloso de mi hermano menor.

Paso siguiente Escribe un párrafo breve sobre alguien de tu familia. Encierra en un círculo todos los pronombres que uses.

_____

_____

_____

_____

_____

_____

_____

_____

Nombre

_____

Los pronombres de complemento

Un **pronombre de complemento** es un pronombre personal que va antes o después de un verbo de acción. Cuando va después, forma una sola palabra con el verbo.

Enlace con
Fuente de escritura

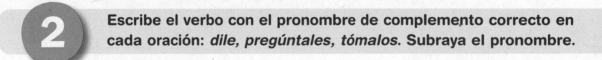

Angelo me llamó ayer.
(El pronombre de complemento puede ir antes del verbo de acción).

Pregúntale si iremos al cine.
(Si el pronombre de complemento va antes del verbo de acción, el pronombre y el verbo forman una sola palabra).

1 **Escribe el pronombre de complemento correcto en cada oración:** *le, las, lo.*

1. Llamó Daniel. _____ dije que no estabas.

2. Janelle perdió su marcador. _____ encontró debajo del sofá.

3. Terminé mis tareas. _____ hice en un santiamén.

2 **Escribe el verbo con el pronombre de complemento correcto en cada oración:** *dile, pregúntales, tómalos.* **Subraya el pronombre.**

1. _____ a José que venga a mi fiesta de cumpleaños.

2. _____ a Gino y Pepe si pueden llegar temprano.

3. Tenemos vasos de cristal. _____ con mucho cuidado.

3 Elige el pronombre de complemento correcto de cada paréntesis y escríbelo en el espacio.

Yo_____ hice dos brazaletes y _____ di uno a Maggie.
　　(lo, me)　　　　　　　　　　　　　　*(les, le)*

Ella _____ encontró lindísimo. _____ dije que _____ hice con
　　　(los, lo)　　　　　　　　　　*(Le, Les)*　　　　　　*(lo, los)*

cuentas de vidrio. Mi hermanita _____ mostró su brazalete a papá. Él
　　　　　　　　　　　　　　　　(les, le)

dijo: —_____ queda muy bien.
　　　　(Te, Me)

Papá dice que soy muy buena haciendo cosas y que eso _____
　　　　　　　　　　　　　　　　　　　　　　　　(lo, los)

heredé de él. Cuando vienen sus amigos, él _____ muestra todo lo
　　　　　　　　　　　　　　　　　　(le, les)

que he hecho.

4 Escribe tres oraciones sobre algo que sepas hacer. Usa todos los pronombres de complemento que puedas.

1. _____

_____

2. _____

_____

3. _____

_____

★ TEKS 3.22A(vii)

Nombre

_____

Los pronombres posesivos

Los **pronombres posesivos** indican posesión. Pueden ser singulares o plurales.

Nuestra calle tiene un nombre nuevo.

Mi calle ahora se llama Camino del Rey.

426, 570

1 **Elige una palabra de la lista para completar cada oración. Las palabras se pueden usar una sola vez.**

mi   mis   tu   su   nuestros   nuestra   sus

1. La dirección de _____ casa es calle Roble 410.

2. La casa de la esquina es _____ casa.

3. Matt da la vuelta a la cuadra en _____ patineta.

4. _____ vecinos pintaron su casa de amarillo.

5. La Sra. Acker tiene _____ flores junto a la ventana.

6. _____ flores son de sombra y están dentro de la casa.

7. ¿Cómo es _____ casa?

2 **Escribe acerca de tu vecindario. Usa al menos tres palabras de la lista en tus oraciones.**

_____

3 Completa cada oración con la mejor alternativa de la siguiente lista.

suya   tuyo   su   suyo   nuestra   mío

1. Este diario es _____.

2. Tom puso la foto de una galaxia en la cubierta de _____ diario.

3. Sherry le puso calcomanías al _____.

4. Tim y yo compartimos esta cesta de lápices. Es _____.

5. Otro grupo tiene una cesta de marcadores. Es _____.

6. Toma el lápiz si es _____.

Paso siguiente Escribe dos oraciones sobre objetos que le pertenecen a otras personas. Usa dos pronombres posesivos de la lista anterior. Después usa otros dos pronombres posesivos para hablar con un compañero sobre objetos que te pertenecen a ti y a tu familia.

1. _____

_____

2. _____

_____

Nombre

_____

Los verbos de acción y los verbos copulativos

Enlace con
Fuente de escritura

429,
430, 572

- Los **verbos de acción** indican lo que hace o hizo el sujeto.

Las manzanas maduras <u>caen</u> de los árboles.

Yo <u>comí</u> un trozo de pastel de manzana.

- Los **verbos copulativos** unen el sujeto con una palabra del predicado.

Las manzanas <u>son</u> frutas.

¡El pastel de manzana <u>estaba</u> delicioso!

1   Escribe un verbo de acción en cada oración.

1. Los manzanos _____ a fines de la primavera.

2. Yo _____ manzanas en otoño.

3. Una vez _____ un gusano en una manzana.

4. Mamá _____ jalea de manzana.

2   Escribe un verbo copulativo en cada oración.

1. La compota de manzana _____ suave y deliciosa.

2. Estas manzanas _____ verdes.

3. ¡Yo _____ un fanático de las manzanas!

4. El año pasado, el huerto _____ lleno de manzanas.

3 En las siguientes oraciones, subraya dos veces el verbo. Escribe una *A* en el espacio si el verbo muestra una acción o una *C* si el verbo es copulativo, es decir, si une dos palabras. El primer ejercicio es el modelo.

_A_ **1.** Johnny Appleseed <u>aprendió</u> acerca de las manzanas.

_____ **2.** El verdadero nombre de Johnny Appleseed era John Chapman.

_____ **3.** Johnny caminó por la región central de Estados Unidos.

_____ **4.** Llevaba un saco como camisa.

_____ **5.** Plantó muchísimos manzanos.

_____ **6.** Johnny Appleseed era famoso.

_____ **7.** Muchos escribieron libros sobre él.

_____ **8.** Algunos libros sobre Johnny Appleseed son cuentos exagerados.

Paso siguiente Escribe tres oraciones sobre las manzanas. Usa al menos uno de estos verbos en cada oración.

comer   pelar   picar   cortar   saborear   es   ser   son   era   rebanar

1. _____

_____

2. _____

_____

3. _____

_____

Nombre _____

Los verbos auxiliares

Los **verbos auxiliares** van antes del verbo principal. Estos verbos adicionales ayudan a mostrar el tiempo o a indicar una acción.

Verbos auxiliares comunes: haber, tener, poder, deber, ser, estar

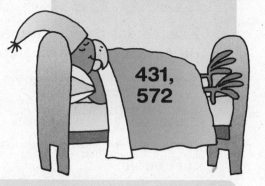

Enlace con
Fuente de escritura

431,
572

1 En cada oración, subraya dos veces el verbo auxiliar y el verbo de acción. El primer ejercicio es el modelo.

1. Los loros <u>pueden dormir</u> de pie.

2. Las ballenas jorobadas están haciendo mucho ruido.

3. El elefante bebé ha crecido rápidamente.

4. Los cisnes deben comer plantas, insectos y peces pequeños.

5. Los canguros bebé están saltando alegremente.

2 Escribe dos oraciones. Cada oración debe incluir uno de estos verbos de acción más un verbo auxiliar. Subraya dos veces el verbo auxiliar y el verbo de acción.

corriendo   empujar   comer   llamado

Ejemplo: Un elefante <u>puede comer</u> mucho.

1. _____

_____

2. _____

_____

Repaso de los verbos 1

Enlace con *Fuente de escritura* **429 a 431, 572**

● Existen dos tipos principales de verbos, los **verbos de acción** y los **verbos copulativos**.

Yo alimenté a mi perro. (*Alimenté* es un verbo de acción).

Está hambriento. (*Está* es un verbo copulativo).

● A veces los **verbos auxiliares** se usan con un verbo de acción o un verbo copulativo.

Mi perro puede comer cualquier cosa.

 1 En cada oración, subraya dos veces el verbo principal. Escribe una *A* en el espacio si el verbo muestra una acción o una *C* si el verbo es copulativo, es decir, si une dos palabras. Las últimas dos oraciones incluyen verbos auxiliares. En esos casos, subraya los verbos auxiliares junto con los verbos principales.

__A__ **1.** Mi perro corre rápido.

_____ **2.** Mi perro actúa como una persona.

_____ **3.** Su nombre es Bob.

_____ **4.** Estamos muy felices con Bob.

_____ **5.** Él juega en la cocina.

_____ **6.** Mi hermanita Nina quiere a Bob.

_____ **7.** Ella se sienta en la cocina con él.

_____ **8.** Una vez probó la comida de perro de Bob.

_____ **9.** ¡Nina debe comer su propia comida!

_____ **10.** Bob ha sido nuestro amigo por muchos años.

★ TEKS 3.22A(i)

Nombre

_____

Los tiempos de los verbos 1

Enlace con
Fuente de escritura

- Un verbo en **tiempo presente** indica que la acción está ocurriendo ahora o que ocurre habitualmente.

  Yo escucho un grillo cantar.

  Un grillo salta por el césped.

- Un verbo en **tiempo pasado** indica una acción que ocurrió en el pasado (**perfecto**) o que ocurría en el pasado (**imperfecto**).

  Ayer un grillo saltó a mi pierna. (perfecto)

  Yo lo miraba con curiosidad. (imperfecto)

1 Lee atentamente cada oración. Escribe "presente" en el espacio si el verbo subrayado está en tiempo presente o "pasado" si está en tiempo pasado.

__presente__ **1.** Los grillos cantan al frotar sus alas una contra la otra.

_____ **2.** Mi abuelo guarda un grillo en una caja.

_____ **3.** Dice la temperatura.

_____ **4.** En los días calurosos canta rápido.

_____ **5.** Escuché a un grillo cantar hace unos minutos.

_____ **6.** Cantó cincuenta veces en quince segundos.

_____ **7.** Yo traté de cantar.

_____ **8.** Mi canto sonaba muy raro.

_____ **9.** Ahora por cantar tanto, me duele la garganta.

2 En las siguientes oraciones, cada verbo en tiempo presente está subrayado. Escribe en cada espacio el pasado del verbo. Luego lee la oración usando el verbo nuevo.

Presente	Pasado (perfecto/imperfecto)
1. Mis amigos <u>buscan</u> grillos en primavera.	*buscaron/buscaban*
2. A veces los <u>tienen</u> como mascotas.	_____
3. En los días fríos, los grillos <u>cantan</u> lento.	_____
4. A mis amigos y a mí nos <u>gustan</u> los insectos.	_____
5. <u>Vemos</u> la exposición de los insectos en el museo.	_____
6. El insecto más grande <u>sisea</u> fuerte.	_____
7. <u>Crece</u> hasta medir cuatro pulgadas de largo.	_____
8. Me <u>divierto</u> al estudiar los insectos.	_____

Paso siguiente Dile a un compañero dos oraciones sobre los insectos. Usa un verbo en presente en una oración y un verbo en pasado en la otra. Luego escribe tus oraciones en estas líneas.

Tiempo presente: _____

_____

Tiempo pasado: _____

_____

TEKS 3.22A(i)

Nombre

_____

Los tiempos de los verbos 2

433, 574

● Recuerda que un verbo que está en **tiempo presente** indica que la acción tiene lugar ahora o que ocurre todo el tiempo.

Ahora <u>nieva</u>.

Yo <u>hago</u> un muñeco de nieve.

● Un verbo en **tiempo futuro** indica una acción que tendrá lugar en un tiempo posterior, es decir, en el futuro.

El sol <u>saldrá</u>.

El sol <u>derretirá</u> la nieve.

1

Después de cada oración, comprueba si el verbo subrayado está en presente o en futuro. El primer ejercicio es el modelo.

	PRESENTE	FUTURO
1. Veo caer la nieve.	✓	
2. La nieve cae suave y silenciosamente.		
3. La nieve cubre los caminos y los techos.		
4. Espero que nieve toda la noche.		
5. Así cerrarán las escuelas.		
6. Tendré que sacar la nieve con una pala.		
7. Limpiaré la acera.		
8. Entonces construiré un fuerte de nieve.		
9. Eso suena divertido.		

TEKS 3.22A(i)

2 Subraya dos veces el verbo de cada oración. Escribe "presente" si el verbo está en tiempo presente o "futuro" si está en tiempo futuro.

_____futuro_____ **1.** ¿Qué <u>derretirá</u> la nieve?

_____ **2.** La sal derrite la nieve.

_____ **3.** Dani lo probará con un experimento.

_____ **4.** Dani llena dos tarros con nieve o hielo.

_____ **5.** Él vierte sal en la nieve de un tarro.

_____ **6.** Después observará los tarros.

Paso siguiente Cambia cada oración al tiempo futuro. Escribe una oración más sobre la nieve. Usa el tiempo futuro en tu oración. Cambia el tema de la nieve por el de la lluvia y usa el tiempo futuro para decirle cuatro oraciones nuevas a un compañero.

1. La nieve cae.

_____

2. La nieve cuelga de las ramas y las hojas.

_____

3. Pronto el mundo se ve como un gran pastel de boda.

_____

4. _____

TEKS 3.22A(i)

Nombre

_____

Los tiempos de los verbos 3

Enlace con
Fuente de escritura

432 y 433, 574

El **tiempo** de un verbo indica cuándo tiene lugar la acción. El tiempo de un verbo puede estar en presente, pasado o futuro.

Tiempo presente (ocurre ahora):

Pepe <u>pela</u> pepinos.

Tiempo pasado (ocurrió antes):

Pepe <u>peló</u> pepinos. (perfecto)

Pepe <u>pelaba</u> pepinos. (imperfecto)

Tiempo futuro (no ha ocurrido todavía):

Pepe <u>pelará</u> pepinos.

1 En los siguientes trabalenguas, subraya dos veces el verbo. Después escribe "presente", "pasado" o "futuro" en el espacio para indicar en qué tiempo está el verbo. El primer ejercicio es el modelo.

_____pasado_____ **1.** Tajo me <u>trajo</u> tres trajes.

_____ **2.** Pepa ponía un peso en el piso del pozo.

_____ **3.** ¡Qué triste estás, Tristán!

_____ **4.** Pepe Peña pasa piñas.

_____ **5.** Ñoño Yáñez come ñame en las mañanas con el niño.

_____ **6.** Beto botará el bote en el pote.

_____ **7.** ¿Quién correrá con el corredor Carlos Corres?

_____ **8.** Tapa Topo tapa trapos con tres tapetes.

_____ **9.** Poquito a poquito Paquito empaca poquitas copitas en pocos

paquetes.

⭐ **TEKS** 3.22A(i)

Presente	Pasado (perfecto/imperfecto)	Futuro
corre	corrió/corría	correrá
vende	vendió/vendía	venderá
cierran	cerraron/cerraban	cerrarán
mastican	masticaron/masticaban	masticarán
montas	montaste/montabas	montarás
miro	miró/miraba	miraré

2 Completa las siguientes oraciones. Elige verbos de la lista. El primer ejercicio es el modelo.

1. El perro sabueso _____*corría*_____ por las rocas.
(pasado imperfecto)

2. Ella _____ caracolas a la orilla del mar.
(pasado perfecto)

3. Rosie _____ por la pista.
(presente)

4. Las tiendas del centro comercial _____ por limpieza.
(futuro)

5. Mauricio y Paula _____ goma de mascar.
(futuro)

6. Tú te _____ en la bicicleta de Tammy.
(pasado perfecto)

7. Yo _____ a la morsa en el agua.
(pasado imperfecto)

Paso siguiente Dile tres oraciones a un compañero. Usa un tiempo diferente en cada oración.

⭐ **TEKS** 3.22A(i)

Nombre

_____

Los verbos regulares

Los **verbos regulares** siempre mantienen su raíz.

● Verbos regulares en **presente:**

Terminados en *-ar*   Terminados en *-er*

canto   como

Terminados en *-ir*

vivo

● Verbos regulares en **pasado:**

Terminados en *-ar*   Terminados en *-er*   Terminados en *-ir*
cantó / cantaba   comí / comía   viví / vivía

● Verbos regulares en **futuro:**

Terminados en *-ar*   Terminados en *-er*   Terminados en *-ir*
cantaré   comeré   viviré

1 Escribe el presente, el pasado y el futuro de estos verbos regulares. El primer ejercicio es el modelo.

	Presente	**Pasado**	**Futuro**
1. esperar	espero	esperé/esperaba	esperaré
2. subir			
3. nombrar			
4. vender			
5. recibir			
6. correr			
7. hablar			
8. aprender			

TEKS 3.22A(i)

2 Observa el verbo subrayado en la primera oración. Luego escribe el verbo en el tiempo que se indica entre paréntesis para completar la segunda oración.

1. Ellos <u>llaman</u> Lilly al bote. *(pasado)*

Ellos lo __llamaron__ Lilly hace dos años.

2. Milly y Willy <u>reman</u> en su bote. *(futuro)*

Mañana ellos _____ en su bote.

3. Milly <u>subió</u> las velas. *(presente)*

Ella _____ las velas todas las mañanas.

4. A Milly y a Willy les <u>encantará</u> navegar en el Lilly. *(presente)*

A Milly y a Willy les _____ navegar en el Lilly.

5. Milly <u>tiró</u> el ancla. *(presente)*

Willy da la señal, y Willy _____ el ancla.

6. Willy <u>limpia</u> el Lilly una vez por semana. *(pasado)*

Él lo _____ dos días antes de la tormenta.

Paso siguiente Dile a un compañero oraciones en pasado, presente y futuro con los verbos *cerrar, comprender* y *recibir*.

Nombre

_____

Los verbos en singular y en plural

Enlace con
Fuente de escritura

434, 576

El sujeto de una oración puede ser singular o plural. Fíjate cómo el verbo *mirar* cambia cuando el sujeto cambia de singular a plural. Un sujeto en singular debe tener un verbo en singular. Un sujeto en plural debe tener un verbo en plural. Esto se llama concordancia del sujeto y el verbo.

Caleb mira **el juego de basquetbol en el parque.** (verbo singular)

Sus amigos también miran **el juego.** (verbo plural)

 1 **Escribe el verbo correcto para completar las oraciones.**

1. practica   practican

Jake, Caleb y Rhonda _____ los tiros a la canasta todos los días.

A veces, Jake _____ en la noche.

2. domina   dominan

Caleb _____ la pelota en la cancha.

Jake y Rhonda también la _____.

3. lanza   lanzan

Rhonda _____ la pelota y la pierde.

Caleb y Jake _____ la pelota y la pierden.

4. salta   saltan

Los niños _____ para alcanzar la pelota.

Rhonda también _____.

2 Escribe tus propias oraciones usando estos verbos en singular y en plural.

1. salta   saltaron

_____

_____

2. anoté   anotaron

_____

_____

3. celebró   celebramos

_____

_____

4. junté   juntamos

_____

_____

5. recibiré   recibirán

_____

_____

Paso siguiente   Dile a un compañero dos oraciones sencillas. Usa los verbos en singular y en plural de arriba. Una oración sencilla tiene una sola idea completa. Asegúrate de que el sujeto y el verbo concuerden.

TEKS 3.22A(i)

Nombre _____

Los verbos irregulares

1 Estudia los verbos irregulares de tu manual. Completa con tus compañeros estas oraciones con el verbo irregular correcto.

Enlace con
Fuente de escritura

576,
578

1. hacer

    presente: Yo _____ las tareas en la tarde.

    perfecto: El año pasado yo las _____ en la noche.

    futuro: Desde hoy yo _____ las tareas con mi hermano.

2. ser

    presente: Yo _____ el más bajo de mi casa.

    imperfecto: Yo _____ el único niño en mi casa.

    futuro: A fin de año yo _____ el hijo mayor.

3. tener

    presente: Hoy yo _____ práctica de béisbol.

    perfecto: El año pasado _____ mi primer juego con el equipo.

    futuro: Mañana yo _____ el partido final de la temporada.

4. decir

    presente: Yo siempre _____ la verdad.

    perfecto: Ayer yo le _____ a mi abuela que la quiero.

    futuro: Mañana le _____ a la maestra que hice la tarea.

TEKS 3.22A(i)

2 Ahora completa estos grupos de oraciones por tu cuenta. Las instrucciones son las mismas de la parte 1.

1. salir

presente: Yo _____ de viaje todos los inviernos.

perfecto: El año pasado, yo _____ para las vacaciones.

futuro: Este año _____ para Navidad.

2. venir

presente: Yo _____ a la escuela con mi hermana.

perfecto: Ayer yo _____ con mi mamá a la escuela.

futuro: El próximo martes _____ solo a la escuela.

3. tengo

presente: Yo _____ practica de lanzamiento todos los viernes.

perfecto: Antes yo _____ el horario de la tarde, con mi hermano.

futuro: Ahora yo _____ más entrenamiento con el equipo.

Paso siguiente Escribe dos oraciones con el verbo *querer* en presente y perfecto.

1. _____

_____

2. _____

Nombre _____

Repaso de los verbos 2

Los **verbos de acción** indican lo que hace el sujeto.

Jenny <u>hizo</u> muchos jonrones.

El viento <u>botó</u> nuestro fuerte.

Enlace con
Fuente de escritura
429, 572, 576

 1 Haz una lista con tres verbos de acción. Intercambia tu lista con un compañero. Luego escribe dos oraciones con los verbos de la lista de tu compañero (una oración con el verbo en singular y otra con el verbo en plural).

1. Verbo de acción. _____
Oración con el verbo en singular:

_____

Oración con el verbo en plural:

_____

2. Verbo de acción. _____
Oración con el verbo en singular:

_____

Oración con el verbo en plural:

_____

3. Verbo de acción. _____
Oración con el verbo en singular:

_____

Oración con el verbo en plural:

_____

2 Tacha los verbos irregulares mal escritos y corrígelos. El primer verbo es el modelo.

Dennis tocó el timbre. Luego salió corriendo y se ~~ponió~~ *puso* detrás de un árbol.

Yo lo ~~veí~~ y le ~~decí~~ a mi mamá que era él. Ella ~~dició~~ que Dennis ~~hació~~ eso porque yo

le simpatizo. Quizá mi mamá está en lo correcto. En la mañana Dennis ~~andó~~

caminando por el barrio y ~~trayó~~ el periódico a casa.

Paso siguiente Escribe algunas oraciones sobre Dennis con estos verbos. Escribe una oración en presente. Luego escribe una oración en pasado. Luego dile a un compañero dos oraciones sobre Dennis en pasado y en presente.

1. Verbo: **saber**

Oración en presente: _____

_____

Oración en pasado: _____

_____

2. Verbo: **ir**

Oración en presente: _____

_____

Oración en pasado: _____

_____

TEKS 3.22A(iii)

Nombre _____

Enlace con
Fuente de escritura

435, 580

Los adjetivos 1

● Un **adjetivo** es una palabra que describe a un sustantivo o a un pronombre.

Carrie plantó <u>semillas</u> pequeñas.

¿A qué sustantivo describe el adjetivo *pequeñas* en esta oración? <u>semillas</u>

● Un **adjetivo** puede ir después de un verbo copulativo como *ser* o *estar*.

Las semillas eran pequeñas.

¿A qué sustantivo describe el adjetivo *pequeñas* en esta oración? <u>semillas</u>

 1 En estas oraciones, subraya el adjetivo. Después dibuja una flecha que indique el sustantivo que describe. (No incluyas las palabras *el, la, los, las, un, una, unos, unas*). El primer ejercicio es el modelo.

1. Ella usó una pala <u>afilada</u> para cavar.

2. Carrie plantó flores rojas.

3. Regó las pequeñas semillas.

4. Pronto aparecieron hojas verdes.

5. El sol brillante iluminó las plantas.

6. Una suave lluvia las regó.

7. Se formaron gruesos capullos.

8. Pronto Carrie se puso a recoger un lindo ramo de flores.

TEKS 3.22A(iii)

2 En estas oraciones, subraya el adjetivo. Después dibuja una flecha que indique el sustantivo que describe. Todos estos adjetivos van después de un verbo copulativo. El primer ejercicio es el modelo.

1. Las rosas son rojas.

2. Las violetas son azules.

3. El azúcar es dulce.

4. Las palabras son verdaderas.

5. Las margaritas son blancas.

6. Las maravillas son amarillas.

7. La miel es dulce.

8. ¡Qué tranquila es Sarah.

Paso siguiente Escribe una oración con los tres primeros pares de adjetivos y sustantivos. Después dile a un compañero una oración con el cuarto par.

Sustantivos	Adjetivos
gatita ·····················➤	feliz
perro ·····················➤	suave
canción ·····················➤	hermosa
aretes ·····················➤	plateados

1. _____

_____

2. _____

_____

3. _____

_____

TEKS 3.22A(iii)

Nombre

Enlace con
Fuente de escritura
435

Los adjetivos 2

Un **adjetivo** es una palabra que describe a un sustantivo o a un pronombre.

Un adjetivo **calificativo** describe algo.

Texas es un estado muy hermoso.

(*Hermoso* es un adjetivo calificativo que describe a Texas).

Un adjetivo **determinativo** indica *cuál* y *cuántos*.

Este estado tiene muchos lugares hermosos.

(*Este* es un adjetivo determinativo que indica cuál).

 1 Encierra en un círculo los adjetivos determinativos de las siguientes oraciones.

1. (Esta) época del año es mi favorita.

2. En Texas hay muchos días soleados en otoño.

3. El clima perfecto dura unos tres meses.

4. Estos árboles ya comienzan a perder las hojas.

5. En octubre disfrutamos mucho de esos paseos en carros llenos de heno.

6. Lamento que haga tanto frío donde tú estás.

Paso siguiente Piensa en tu época favorita del año. Usa un adjetivo determinativo en una oración que describa esa estación.

_____

_____

⭐ **TEKS** 3.22A(iv)

Enlace con
Fuente de escritura
435

Los adjetivos 3

Las palabras *un, una, unos, unas* y *el, la, los, las, lo* son **adjetivos** especiales y se llaman **artículos**.

La luna llena es un espectáculo hermoso desde la costa.

Las palabras *la* y *un* son artículos.

 1 Subraya todos los artículos de estas oraciones. Todas las oraciones tienen más de un artículo.

1. Todos <u>los</u> animales y personas tienen <u>una</u> tasa de pulso.

2. El pulso se mide según el número de latidos del corazón en un minuto.

3. El pulso de los animales grandes es más lento que el de los animales pequeños.

4. El promedio de latidos de una persona es de 72 veces por minuto.

5. Los ratones pueden tener una tasa de pulso de más de 500 latidos por minuto.

6. El pulso de las corredoras no sobrepasa los 160 latidos por minuto.

Paso siguiente Escribe una oración que incluya dos artículos. Luego dile a un compañero una oración en que uses otros artículos.

_____

_____

★ **TEKS** 3.22A(iii)

Nombre

_____

Concordancia del sustantivo y el adjetivo 1

Los adjetivos deben tener el mismo género (masculino o femenino) que los sustantivos a los que describen.

La bandera roja, blanca y azul.

(El sustantivo *bandera* es femenino; los adjetivos *roja* y *blanca* también son femeninos. El adjetivo *azul* también puede ser femenino).

1 **Encierra en un círculo el adjetivo del paréntesis que concuerda en género con el sustantivo subrayado en cada oración.**

1. La <u>escuela</u> está _____ por vacaciones. *(cerrada, cerrado)*

2. Los <u>salones</u> _____ están en silencio. *(vacías, vacíos)*

3. El <u>patio</u> _____ parece un desierto. *(callada, callado)*

4. Los <u>niños</u> _____ se fueron a casa. *(risueños, risueñas)*

5. La <u>maestra</u> _____ podrá relajarse. *(cansado, cansada)*

6. Los maestros buscarán _____ <u>libros</u>. *(nuevos, nuevas)*

7. Una <u>historia</u> _____ comenzará el año entrante. *(nuevo, nueva)*

Paso siguiente ¿Qué es lo que más usas durante las vacaciones? Descríbelo en una oración usando adjetivos. Asegúrate de los adjetivos concuerden en género y número con sus sustantivos.

_____

_____

Nombre

_____

Concordancia del sustantivo y el adjetivo 2

Enlace con
Fuente de escritura
580

Los adjetivos también deben tener el mismo número (singular o plural) que los sustantivos a los que describen.

Mis hermanos **están** contentos.

(El sustantivo *hermanos* es plural; el adjetivo *contentos* también es plural).

1 Une con una línea un sustantivo con un adjetivo que concuerde con él. Luego escribe el sustantivo junto a su adjetivo en el espacio.

_____ **1.** jirafa   atenta

_____ **2.** zapatos   cómodos

_____ **3.** leopardo   antiguo

_____ **4.** camión   enojado

_____ **5.** enfermera   alta

2 Completa cada oración con un adjetivo que concuerde con el sustantivo subrayado.

1. La <u>casa</u> de Roseanna es _____.

2. María fue a una <u>tienda</u> _____.

3. Jugamos en una _____ <u>plaza</u> del vecindario.

4. Unos <u>pájaros</u> _____ cantaban entre los árboles.

5. Mi _____ <u>perro</u> les estuvo ladrando.

TEKS 3.22A(iii)

Nombre _____

Las formas de los adjetivos

Los **adjetivos** tienen tres formas diferentes:

Positiva: Esta piedra es pequeña.

Comparativa: Esta piedra es más pequeña que esa roca.

Superlativa: Esta piedra es la más pequeña de la colección de piedras.

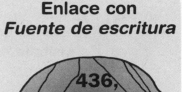

Enlace con
Fuente de escritura

436, 582

---

1 Escribe oraciones con las formas de estos adjetivos.

fuerte, más fuerte, el más fuerte

1. _____

2. _____

_____

3. _____

_____

feliz, más feliz, el más feliz

1. _____

2. _____

_____

3. _____

_____

TEKS 3.22A(iii)

2 Escribe un párrafo sobre un lugar hermoso e interesante que hayas visitado. Usa todas las formas de los adjetivos en tu redacción.

_____

_____

_____

_____

_____

_____

_____

_____

_____

_____

_____

_____

_____

Paso siguiente Encierra en un círculo los adjetivos de tu párrafo. ¿Qué adjetivos comparativos y superlativos escribiste?

TEKS 3.22A(v)

Nombre _____

Los adverbios 1

Los **adverbios** son palabras que describen a los verbos. Indican *cómo* (modo), *dónde* (lugar) o *cuándo* (tiempo).

- Algunos adverbios indican *cuándo* o *qué tan a menudo* ocurre algo:

  siempre   nunca   pronto   semanalmente

- Algunos adverbios indican *dónde* ocurre algo:

  afuera   allá   arriba

- Algunos adverbios indican *cómo* ocurre algo:

  lentamente   fuertemente   graciosamente

Enlace con
Fuente de escritura

 1 Encierra en un círculo los adverbios de las siguientes oraciones. Después escribe si indica *cuándo, dónde* o *cómo*. El primer ejercicio es el modelo.

1. Jeremy (siempre) come pollo guisado. _____ cuándo _____

2. Karen se acuesta temprano. _____

3. Pipo viene rápidamente cuando lo llaman. _____

4. Shari nunca molesta a su hermanito. _____

5. Todd va alegremente al dentista. _____

6. Michelle limpia su cuarto diariamente. _____

7. Llevé la basura afuera. _____

8. Simón hace su cama cuidadosamente. _____

9. Emily viene aquí a almorzar. _____

TEKS 3.22A(v)

Tacha el adverbio de cada oración. Reemplázalo con un adverbio diferente que cambie el significado de la oración. El primer ejercicio es el modelo.

1. —Yo voy en bicicleta —dijo mamá ~~seriamente~~. *graciosamente*

2. Canela ronca suavemente.

3. Cal siempre ve a sus sobrinos.

4. Tamika hizo sus tareas alegremente.

5. María jamás llega tarde a la escuela.

6. —Esos niños juegan silenciosamente —dijo el abuelo.

7. Pelusa se queda cerca cuando es la hora del baño.

Paso siguiente   **Escribe tres oraciones sobre ti. Después dile a un compañero tres oraciones diferentes sobre ti usando distintos adverbios.**

1. Usa el adverbio *mañana* (cuándo).

   _____

2. Usa el adverbio *afuera* (dónde).

   _____

3. Usa el adverbio *lentamente* (cómo).

   _____

★ **TEKS** 3.22A(v)

Nombre

_____

Los adverbios 2

Los **adverbios** son palabras que describen a los verbos según el tiempo, el lugar o el modo. Indican *cuándo* (tiempo), *dónde* (lugar) o *cómo* (modo) ocurre algo.

Enlace con
Fuente de escritura

437, 584

1 Los adverbios de tiempo indican *cuándo* o *con qué frecuencia* ocurre algo. En estas oraciones, completa el espacio con un adverbio de la lista.

ayer	pronto	ahora	primero
mañana	después	semanalmente	finalmente

1. Nuestra clase fue al museo de los juguetes _____.

2. Espero que regresemos _____.

3. La verdad es que me gustaría que fuéramos _____.

2 Los adverbios de lugar indican *dónde* ocurre algo. En estas oraciones, completa el espacio con un adverbio de la lista.

adentro	aquí	arriba
afuera	allá	abajo

1. Le dije a mamá que quería ir _____ a jugar.

2. —Ven _____ —me dijo mamá.

3. —¿Por qué no juegas _____ de la casa? —preguntó.

3 Los adverbios de modo indican *cómo* ocurre algo. En estas oraciones, completa el espacio con un adverbio de la lista.

silenciosamente	cuidadosamente	lentamente	alegremente
fuertemente	descuidadamente	rápidamente	tristemente

1. Me gusta escuchar la música _____.

2. Cuando ordeno mi cuarto, lo hago muy _____.

3. A la hora de comer, mi gata se acerca _____.

Paso siguiente Escribe cuatro adverbios. Después escribe un párrafo que incluya esos cuatro adverbios. Elige cuatro adverbios más. Usa esos adverbios para contarle a un compañero sobre algo que te gusta hacer.

1. _____   **3.** _____

2. _____   **4.** _____

_____

_____

_____

_____

_____

_____

Nombre

Las preposiciones y las frases preposicionales

Las **preposiciones** son palabras que generalmente indican la posición o el lugar de los sustantivos. Una frase que comienza con una preposición y termina con un sustantivo se llama **frase preposicional**.

Enlace con
Fuente de escritura

439, 586

preposiciones: *en, con*

frases preposicionales:
en el faro, bajo el puente

1 Subraya las frases preposicionales de las siguientes oraciones. Después encierra en un círculo cada preposición. El primer ejercicio es el modelo.

1. Roberto nadaba (en) aguas profundas.

2. Roberto nadaba contra la corriente.

3. Retrocedía con cada brazada.

4. Las olas pasaban sobre su cabeza.

5. No se veía desde la playa.

6. Solo entonces sintió el golpe de un bote.

7. Un salvavidas le lanzó un chaleco salvavidas en una cuerda.

8. Ray nadó hacia la cuerda.

9. El bote salvavidas lo llevó hasta la playa.

10. Roberto dijo: —Gracias. Realmente estuve en peligro.

2 Subraya las frases preposicionales de las siguientes oraciones. Después encierra en un círculo cada preposición. (Algunas de las oraciones tienen más de una frase preposicional. En ese caso, fíjate que las frases preposicionales comienzan con una preposición y terminan con el sustantivo o pronombre más cercano). El primer ejercicio es el modelo.

1. Presta atención a <u>estas reglas (sobre) seguridad (en) el agua</u>.

2. Nada en playas protegidas por salvavidas.

3. Las aguas desconocidas son un peligro para todos.

4. Busca siempre los obstáculos que hay bajo el agua.

5. No nades en áreas prohibidas o con mal tiempo.

6. Nada siempre cerca de la orilla y con un amigo.

7. Entra lentamente en el agua fría.

8. Nada acompañado por otras personas.

9. No salgas de la zona que marcan las boyas.

Paso siguiente Crea un cartel para una de estas reglas de seguridad. Describe tu dibujo a un compañero usando preposiciones y frases preposicionales.

★ **TEKS** 3.22A(viii)

Nombre
_____

Las conjunciones

Las **conjunciones** unen palabras o grupos de palabras. Las conjunciones más comunes son *y, pero* y *o*. Hay tres conjunciones en esta oración

Charley (y) Bárbara se pusieron los abrigos (y) los sombreros, (pero) se olvidaron de las botas.

Enlace con
Fuente de escritura

440, 588

1 **Encierra en un círculo las diez conjunciones de este relato.**

El sol (y) el viento

¿Quién es más fuerte, el sol o el viento? Bueno, hubo una vez en que los dos pensaron que eran los más fuertes, así que hicieron un concurso.

—Soy tan fuerte que puedo hacer que ese hombre se quite el sombrero, la bufanda y el abrigo —presumió el viento. El sol no dijo nada. Solamente se escondió detrás de una nube.

El viento sopló y sopló, pero el hombre no se quitó el sombrero, la bufanda ni el abrigo. En lugar de eso, se los ajustó más y más.

Entonces el sol salió a brillar, pero en silencio. Pronto el hombre sintió calor. Se quitó el sombrero y se quitó la bufanda. Después se sacó el abrigo.

¿Sabes ya cuál es el más fuerte? ¿Es el sol o el viento?

Paso siguiente **Escribe una oración que responda las dos últimas preguntas del relato. Luego usa conjunciones coordinantes para decirle a un compañero lo que piensas del relato.**

Enlace con
Fuente de escritura
501

Las transiciones

Las **transiciones** son palabras que señalan que viene una idea nueva e importante. Las transiciones ayudan a mostrar *el tiempo, la ubicación* o *más información.*

Algunas transiciones muestran *el tiempo:*

primero   después   finalmente

Algunas transiciones muestran la *ubicación:*

encima   al lado   cerca

Algunas transiciones muestran *más información:*

de nuevo   también   otro

Escribe la transición correcta en cada espacio.

detrás   luego   cerca   primero   también   después

1. Lo _____ que tuvimos que hacer fue decidir qué tipo de mascota

   queríamos.

2. _____ decidimos que tener un perro sería lo mejor para nuestra

   familia.

3. _____ decidimos que queríamos un perro de un refugio de animales.

4. Fuimos a la tienda de mascotas _____ de nuestra casa porque

   tienen perros de refugios todos los sábados.

5. _____ de todos esos perros grandes había un cachorrito que me

   miraba.

6. _____ de una mirada supe que era el perro para mí.

Paso siguiente **Usa transiciones para narrar un relato sobre algo especial que hayas hecho con tu familia.**

Nombre

Repaso de los elementos gramaticales 1

Enlace con
Fuente de escritura
421 a **441,**
566 a **588**

Esta actividad es un repaso de los elementos gramaticales.

 1 Escribe tres ejemplos de cada elemento gramatical. Haz todo lo que puedas por tu cuenta. Después pide ayuda a un compañero o consulta tu libro *Fuentes de escritura* para revisar.

Sustantivos
(Nombran a una persona, un lugar, una cosa o una idea).

_____

_____

_____

Pronombres posesivos
(Muestran pertenencia).

_____

_____

_____

Verbos
(Indican acción o unen dos ideas).

_____

_____

_____

Adjetivos
(Describen a un sustantivo o a un pronombre).

_____

_____

_____

Adverbios
(Describen a los verbos; indican cómo se hace una acción).

_____

_____

_____

Conjunciones coordinantes
(Unen palabras o grupos de palabras).

_____

_____

_____

Preposiciones
(Palabra con que empieza una frase preposicional).

_____

_____

_____

Transiciones
(Señal de que sigue una idea nueva e importante).

_____

_____

_____

Paso siguiente En este espacio haz un dibujo que muestre lo que dice esta oración:

La nave espacial roja y brillante ¡subió hacia las estrellas!

Copia la oración debajo del dibujo. Después rotula cada palabra para mostrar de qué elemento gramatical se trata.

_____

_____

_____

Nombre _____

Repaso de los elementos gramaticales 2

Enlace con
Fuente de escritura
421 a **441,**
566 a **588**

Esta actividad es un repaso de los elementos gramaticales.

 Completa cada espacio con una palabra que corresponda al elemento gramatical correcto. Usa cada palabra solo una vez.

en	silenciosamente	sus	pájaros	rápidamente
puntiagudos	ellos	gusanos	afiladas	y
pero	planea	flota	a	finalmente

1. Sustantivos: Los tordos son _____ que vuelan y comen _____

2. Pronombres: Los pinzones comen _____ semillas hasta que _____ ven un gato.

3. Verbos: Un halcón _____ en lo alto y un pato _____ en la bahía.

4. Adjetivos: Los cernícalos tienen garras _____ y picos _____.

5. Adverbios: Los búhos cazan _____ y _____ para atrapar a su presa.

6. Conjunciones: Las lechuzas comunes _____ las lechuzas blancas duermen

todo el día, _____ cazan de noche.

7. Preposiciones: Los paros carboneros viven _____ el norte de los Estados

Unidos y a menudo se acercan _____los comederos de semillas.

8. Transiciones: _____ llegamos a la playa después de un largo viaje.

2   **Lee este párrafo y sigue las instrucciones que están más abajo.**

     A mi abuela le <u>gusta</u> observar los pájaros. La abuela Fran y <u>yo</u> observamos <u>silenciosamente</u> los pájaros y los alimentamos. <u>Primero</u>, la abuela <u>siempre</u> consulta <u>su</u> <u>libro</u> de pájaros. <u>Después</u>, anota <u>en</u> un cuaderno los tipos de pájaros que ve. Yo leo su <u>larga</u> lista y <u>cuento</u> con cuidado los diferentes tipos. Docenas de pájaros comen en el patio <u>de</u> la abuela. El <u>abuelo</u> dice que la abuela ha visto <u>cada</u> pájaro de nuestro estado, <u>pero</u> yo sé que la abuela conoce muchos más. ¡Mira! ¿Ese es un arrendajo azul <u>o</u> un azulejo? Apuesto a que la abuela lo sabe.

Escribe las palabras subrayadas en los espacios correctos. Busca dos ejemplos más para cada elemento gramatical.

Elemento gramatical	1	2
sustantivo		
pronombre		
verbo		
adjetivo		
adverbio		
conjunción		
preposición		
transición		